A MORTE:
UM AMANHECER

Elisabeth Kübler-Ross

A MORTE:
UM AMANHECER

Tradução
MARIA DE LOURDES LANZELLOTTI

Editora Pensamento
SÃO PAULO

Título original: *On Life After Death.*

Copyright © 1991 Elisabeth Kübler-Ross.

Publicado mediante acordo com a Barbara Hogenson Agency.

Copyright da edição brasileira © 2006 Editora Pensamento-Cultrix Ltda.

1ª edição 2006.

15ª reimpressão 2025.

Todos os direitos reservados. Nenhuma parte deste livro pode ser reproduzida ou usada de qualquer forma ou por qualquer meio, eletrônico ou mecânico, inclusive fotocópias, gravações ou sistema de armazenamento em banco de dados, sem permissão por escrito, exceto nos casos de trechos curtos citados em resenhas críticas ou artigos de revistas.

Direitos de tradução para o Brasil adquiridos com exclusividade pela EDITORA PENSAMENTO-CULTRIX LTDA., que se reserva a propriedade literária desta tradução.

Rua Dr. Mário Vicente, 368 – 04270-000 – São Paulo, SP – Fone: (11) 2066-9000

http://www.editorapensamento.com.br

E-mail: atendimento@editorapensamento.com.br

Foi feito o depósito legal.

Impresso por : Graphium gráfica e editora

SUMÁRIO

Viver e Morrer 7

A Morte Não Existe 27

A Vida, a Morte e a Vida Após a Morte. 51

A Morte dos Pais 95

VIVER E MORRER

Muitas pessoas dizem: "É claro, a doutora Ross tem visto tantos pacientes à beira da morte que agora começou a ficar um tanto estranha." A opinião que as outras pessoas têm a seu respeito é problema delas, não seu. É muito importante saber que, se você tiver uma consciência clara e se estiver fazendo o seu trabalho com amor, os outros o desmoralizarão e tentarão arruinar a sua vida. Depois de dez anos, entretanto, você terá dezoito doutorados pelo mesmo tipo de trabalho. Eis a situação em que me encontro.

Depois de se sentar no leito de morte de crianças e de idosos por vários anos, e de ouvir atentamente o que têm a dizer, você perceberá que eles sabem quando a morte está se aproximando. De repente, alguém se despede quando você nem imaginava que a morte estivesse próxima. Se você não ignorar o fato, mas continuar sentado e ouvindo, a pessoa moribunda lhe dirá tudo o que deseja partilhar. Depois que ela morrer, você terá uma sensação boa, por ter sido a única pessoa a levá-la a sério.

Estudamos vinte mil casos de pessoas ao redor do mundo que, depois de terem sido declaradas clinicamente mortas, voltaram a viver. Algumas acordaram naturalmente, outras precisaram de estímulo.

Eu gostaria de fazer um breve resumo daquilo pelo qual todo ser humano passará, quando chegar o momento da morte. A experiência é a mesma para todos, seja você um aborígine australiano, um hindu, um muçulmano, um cristão, um ateu. Ela também não depende da idade nem da situação econômica da pessoa. Morrer, assim como nascer, é um processo normal pelo qual todos os seres humanos terão de passar um dia.

A experiência da morte é quase idêntica à do nascimento. É como nascer para uma vida diferente, que pode ser vivida com muita simplicidade. Por milhares de anos, você foi levado a "acreditar" nas coisas do além. Mas, para mim, já não se trata de acreditar, mas de saber. Estou apta a dizer-lhe como obter esse conhecimento, contanto que lhe interesse. Mas, caso você não esteja interessado, não faz nenhuma diferença, já que, de qualquer forma, terá esse conhecimento quando morrer. E eu estarei lá sentada, feliz, principalmente pelos que hoje dizem: "Pobrezinha da doutora Ross!"

O momento da morte é composto de três estágios. Se puder aceitar a linguagem usada em minhas conversas com crianças moribundas, e que usei, por exemplo, na carta para Dougy, você aceitará que a morte do corpo humano é um processo idêntico ao que ocorre quando uma borboleta deixa o casulo. O casulo pode ser comparado ao corpo humano, mas não é idêntico ao seu eu real, pois é apenas uma morada temporária. Morrer é como mudar-se de uma casa para outra mais bonita — simbolicamente comparando.

Tão logo o casulo esteja numa condição irreparável — seja por suicídio, assassinato, ataque cardíaco ou por uma enfermidade crônica, não importa como tenha acontecido — ele liberará a borboleta; sua alma, por assim dizer. Nesse segundo estágio, ainda simbolicamente, tendo a borboleta deixado o seu corpo material, você terá algumas sensações importantes, das quais é bom que tenha conhecimento, a fim de não ter mais medo da morte.

Nesse segundo estágio, o que o alimenta é a energia psíquica, ao passo que, no primeiro, era a energia física. No primeiro estágio, você ainda necessitava de um cérebro funcionando e de uma consciência em atividade para se comunicar com seus companheiros. Assim que esse cérebro, ou esse casulo, fica danificado, você não dispõe mais de uma consciência em atividade. No momento em que finda esse estágio e, por assim dizer, seu casulo passa a uma condição tal que você já não consegue respirar, quando não é mais possível medir suas ondas cerebrais ou tomar o seu pulso — sua borboleta já deixou o casulo. Isso não significa necessariamente que você já esteja morto, mas que o casulo já deixou de funcionar. Ao deixar o casulo, você chega ao segundo estágio, ou seja, ao estágio movido pela energia psíquica. A energia psíquica e a energia física são as únicas que o homem pode manipular.

O maior presente que Deus legou ao homem foi o livre-arbítrio. Dentre todos os seres vivos, só o homem possui livre-arbítrio. Sendo assim, pode escolher entre usar a própria energia de um modo positivo ou de um modo negativo. Assim que a sua alma deixar o corpo, você perceberá que pode captar tudo o que acontece no lugar em que ocorre a morte, seja ele um quarto de hospital, o cenário de um acidente ou onde quer que você deixe o seu corpo. Você não assimila esses acontecimentos com a sua consciência material, mas com uma nova compreensão. Você assimila tudo com essa nova compreensão, mesmo durante o espaço de tempo em que seu corpo não apresenta pressão arterial, pulso, em que você não respira e, em alguns casos, até depois de ter cessado a atividade cerebral. Você compreende exatamente o que todos estão dizendo, pensando e fazendo. Posteriormente, você será capaz, por exemplo, de contar com detalhes o tipo de ferramentas que foram utilizadas para tirar o seu corpo do carro batido. E pode até acontecer às vítimas de um acidente lembrar-se do número exato da placa do carro que colidiu com o delas e do motorista que lhes negou socorro. Cientificamente, não se explica como alguém que já apresente morte cerebral seja capaz de ler o número de uma placa de carro. (Os cientistas carecem de humildade.) Temos de ter humildade para aceitar que há milhões de coisas que não podemos compreender, mas que nem por isso deixam de existir, de ser verdadeiras.

Se eu usar um assobio próprio para chamar cachorros, você não o ouvirá, mas eles sim, pelo simples fato de que o ouvido humano não é feito para captar uma freqüência tão alta. Do mesmo modo, o homem comum não é capaz de captar uma alma que esteja fora do corpo físico, ao passo que, ao contrário, essa alma que está se desprendendo ainda é capaz de sentir as vibrações terrenas e de compreender tudo o que se passa no local do acidente.

Muitas pessoas, quando submetidas a cirurgias, passam pela experiência de sair do corpo físico e podem, inclusive, observar o trabalho feito pelo cirurgião. Esse fato precisaria ser do conhecimento de toda a equipe de profissionais que atua junto ao doente, para que só falasse junto a ele coisas que ele pudesse ouvir. É muito triste tudo o que se diz na presença de pessoas inconscientes, já que, em geral, elas podem ouvir cada palavra.

Se a sua mãe ou o seu pai está à beira da morte ou em coma profundo, ao se aproximar do seu leito, convém que você saiba que ela (ou ele) pode ouvir tudo o que você diz. Nesse momento, não é tarde demais para pedir perdão, para simplesmente dizer-lhe que a ama, ou qualquer outra coisa que deseje. Nunca é tarde demais para se dizer essas palavras nem mesmo aos mortos, porque eles ainda podem ouvi-lo. Você pode até mesmo dar uma solução a algum "problema não-resolvido" que talvez venha se arrastando há dez ou vinte anos. Agindo assim, poderá se livrar da culpa e passar a viver de uma forma mais plena.

No segundo estágio, a pessoa perceberá que voltou a ter uma saúde perfeita. Se era cega, poderá voltar a enxergar. Se era surda ou muda, poderá ouvir ou falar novamente. Alguns pacientes meus com esclerose múltipla, que dependem de cadeiras de rodas para se locomover e que têm dificuldade para se expressar, ao voltar de suas experiências de quase-morte dizem exultantes: "Dra. Ross, consegui dançar de novo." E existem milhares de pacientes em cadeiras de rodas que, nesse segundo estágio, podem finalmente voltar a dançar. Evidentemente, quando voltam à vida, seu corpo está doente como antes.

Agora você pode compreender como essa experiência fora do corpo é agradável e abençoada. Depois de passar por ela, garotinhas que perderam o cabelo em virtude de tratamentos para câncer me dizem: "Meus cachinhos cresceram de novo." Mulheres que precisaram extirpar os seios, durante essa experiência vêem-se novamente com seios normais e perfeitos.

Muitos de meus colegas céticos dizem: "Esses casos podem ser considerados como projeções da racionalização de um desejo." Cinqüenta e um por cento de todos os casos de quase-morte que atendi ocorreram de súbito. Não creio que alguém vá para o trabalho preocupado, enquanto atravessa a rua, com o fato de, no futuro, continuar de posse dos próprios pés. Entretanto, de repente, em virtude de um acidente, essa pessoa pode ver uma de suas pernas no asfalto, separada do resto do corpo. A despeito disso, durante sua experiência de quase-morte, ainda vê a si mesma com ambas as pernas.

Tudo isso, naturalmente, não é prova suficiente para uma pessoa cética. Para tranqüilizar essas pessoas, desenvolvemos um projeto científico com cegos, tendo o cuidado de selecionar apenas cegos que não tiveram nenhum vislumbre de luz pelo prazo mínimo de dez anos. Destes, os que viveram a experiência de quase-morte, ao voltar, são capazes de descrever em detalhes as cores e as jóias que você estaria usando, caso estivesse presente. Mais do que isto, podem descrever a cor e o modelo do seu suéter, ou da sua gravata, e assim por diante. Você há de convir que essas afirmações referem-se a fatos impossíveis de ser inventados. Você pode fazer uma verificação dos fatos, contanto que não tenha medo das respostas. Entretanto, se tiver medo delas, pode fazer como alguns dos céticos e dizer que essas experiências fora do corpo são resultado da falta de oxigênio. É claro que, se o problema fosse apenas falta de oxigênio, eu o prescreveria a todos os meus pacientes cegos. Compreende o que estou tentando dizer? Se uma verdade desagrada a alguém, esse alguém apresentará uma série de argumentos contra ela. Uma vez mais, entretanto, isso é problema dele, não seu. Não se pode querer convencer os outros mas, de qualquer modo, quando morrerem, eles conhecerão a verdade.

Nesse segundo estágio, você perceberá ainda que ninguém morre sozinho. Quando você deixa o corpo físico, passa para uma existência na qual o tempo simplesmente não existe. Da mesma forma, não existe espaço nem distância do modo como normalmente os conhecemos, pois esses são fenômenos terrenos. Por exemplo, se uma jovem americana morre na Ásia e, no momento da morte, pensa na mãe, que se encontra em Washington, numa fração de segundos, pela força do pensamento, ela atravessa os milhares de milhas que as separam e vai ao encontro da mãe. Nesse segundo estágio, não há distâncias. Várias pessoas já viram outras que viviam longe surgir subitamente diante dos seus olhos. Um dia depois, um telefonema ou um telegrama lhes dá a notícia do falecimento da pessoa que haviam visto, que vivia a centenas ou milhares de milhas de distância. Essas pessoas são por natureza muito intuitivas, já que normalmente não é possível notar esse tipo de visitante.

A esta altura, você já pode perceber que ninguém morre sozinho, já que aquele que está morrendo é capaz de visitar qualquer um que deseje. Existem pessoas que já se foram, que o amam, que o estimam muito, que estão à sua espera. De vez que nesse nível o tempo não existe, alguém que perdeu um filho quando tinha vinte anos de idade pode, depois dos noventa e nove, encontrá-lo ainda como criança. Para os que se encontram do outro lado, um minuto pode ser igual a cem anos do nosso tempo na terra.

O que a igreja conta às crianças a respeito de anjos da guarda baseia-se nesse fato. Existem provas de que todos os seres humanos, do nascimento até a morte, são guiados por uma entidade espiritual. Todos têm esse guia, acredite você ou não. Não importa se você é judeu, católico ou se pertence a alguma outra religião, pois esse amor é incondicional. É por isso que todos recebem como presente esse guia espiritual. Existem alguns a quem minhas crianças chamam de "amiguinhos". Conversam com eles e têm plena consciência de sua presença. Quando chega a época em que têm de ir para a escola, porém, os pais lhes dizem: "Você agora já é grande. Está indo para a escola. Portanto não deve mais brincar como essas coisas de criança." Com isso, você acaba esquecendo os seus amiguinhos espirituais até encontrar-se em seu leito de morte. Uma senhora de idade, quase à morte, disse-me: "Ele está aqui novamente." Como eu não soubesse a quem ela se referia, perguntei-lhe se não gostaria de me contar o que vira. Ela então me disse: "Sabe, quando eu era pequena, ele costumava estar sempre ao meu lado. Depois, esqueci-me completamente da sua existência." Um dia depois, ela morreu, alegre, sabendo que alguém que a amava profundamente estava à sua espera.

Em geral, as pessoas que nos esperam do outro lado são as que mais nos amaram. São sempre as primeiras que encontramos. No caso de crianças muito pequenas — de dois ou três anos, por exemplo — cujos avós, pais e todos os demais familiares conhecidos ainda se encontram na Terra, geralmente são os anjos da guarda, Jesus ou outra figura religiosa que as recebem. Nunca deparei com uma criança protestante que tivesse visto a Virgem Maria em seus últimos minutos de vida, como acontece com muitas crianças católicas. Não é questão de discriminação; simplesmente você é recebido pelos que são mais importantes para você.

No segundo estágio, depois de ter percebido que seu corpo é novamente um todo e de ter encontrado seus entes queridos, você perceberá que a morte é tão-somente uma transição para uma forma diferente de vida. As formas físicas terrenas são deixadas para trás, de vez que você não necessita mais delas. Mas, antes de deixar o corpo físico e adotar as formas que conservará por toda a eternidade, você passa por uma fase na qual os elementos do mundo físico ainda estão totalmente presentes. Pode ser que você flutue por um túnel, atravesse um portal ou uma ponte. No meu caso, como nasci na Suíça, atravessei um desfiladeiro nos Alpes, coberto com flores silvestres. Todos vão ao encontro do Céu que imaginam. Quanto a mim, naturalmente, foi-me permitido passar por essa transição caminhando por um desfiladeiro de incomparável beleza. As campinas eram cobertas de flores dos Alpes, com um colorido que eu compararia a um tapete persa.

Depois de atravessar esse túnel, portal ou desfiladeiro, ao chegar ao seu final, você é envolvido pela luz. Essa luz é mais branca do que o branco mais puro, extremamente brilhante, e quanto mais você se aproxima dela, mais é envolvido pelo amor mais intenso, indescritível, incondicional que pode imaginar. Não há palavras para exprimi-lo.

Se alguém está tendo uma experiência de quase-morte, é-lhe permitido, por um breve momento, vislumbrar essa luz, mas depois deve voltar. Porém, quando você morrer de verdade, a ligação entre o casulo e a borboleta (que pode ser comparada ao cordão umbilical) será definitivamente rompida e não será mais possível voltar ao corpo terreno. Mas você não iria mesmo querer voltar, pois ninguém que tenha visto a luz deseja voltar. Nessa luz, você vai sentir, pela primeira vez, o que o homem poderia ter sido. Ali há compreensão sem julgamento; ali você experimenta o amor incondicional. Nessa presença, que muitos comparam a Cristo ou a Deus, ao amor e à luz, você saberá que a sua vida sobre a Terra não foi senão uma escola que você teve de freqüentar, na qual você passou por certos testes e teve de aprender lições especiais. Assim que você termina essa escola e aprende suas lições, é-lhe permitido ir para casa. Você recebe o seu diploma!

Algumas pessoas poderão perguntar: "Por que então certas criancinhas tão inteligentes têm de morrer?" A resposta é bastante simples. Elas aprenderam, num espaço de tempo muito breve, o que ainda tinham a aprender, e o aprendizado pode ser diferente para cada um. Há algo que todos temos de aprender antes de voltar para o local de onde viemos: amar incondicionalmente. Se você aprendeu e praticou isso, aprendeu a maior de todas as lições.

Nessa luz, na presença de Deus, de Cristo, ou seja lá qual for o nome que se lhe queira dar, você tem de olhar para trás e ver toda a sua vida, do primeiro ao último dia. Ao ter essa visão da sua própria vida, você terá alcançado o terceiro estágio. Nesse nível, você já não está mais de posse da consciência do primeiro estágio ou da percepção do segundo. Você agora está de posse do conhecimento. Sabe nos mínimos detalhes cada pensamento que teve em cada momento da sua vida sobre a Terra. Você se lembrará de todos os seus atos e saberá cada palavra que disse. Essa recapitulação representa apenas uma ínfima parcela do seu conhecimento, porque, nesse momento, você já conhece todas as conseqüências dos seus pensamentos, palavras e ações.

Deus é amor incondicional. Durante essa revisão da sua vida terrena, você não O culpará pelo seu destino mas, ao contrário, saberá que foi você mesmo o seu maior inimigo e se recriminará por ter negligenciado tantas oportunidades de crescimento. Agora, você sabe que, quando sua casa foi incendiada, há tempos, quando seu filho morreu, quando seu cônjuge se feriu ou quando você mesmo sofreu um ataque cardíaco, enfim, que todos esses golpes fatais não passaram de maneiras de fazê-lo se desenvolver: em termos de compreensão, de amor e de todas aquelas coisas que ainda temos de aprender. Dirá, então: "Em vez de usar essas oportunidades inteligentemente, a cada golpe eu ficava cada vez mais endurecido, de modo que aumentavam a minha raiva e o meu negativismo..."

Fomos criados para ter uma vida muito simples, bela e maravilhosa. Meu maior desejo é que você comece a olhar a vida de um modo diferente. Se você aceitar a sua vida como algo para o qual foi criado, não se questionará mais sobre quem deveria viver mais ou quem deveria viver menos. Ninguém cogitaria de fazer a eutanásia em alguém, a fim de encurtar-lhe a vida, se tivesse esse entendimento. Mas a morte jamais deve representar sofrimento. Hoje em dia, a ciência médica é tão fantástica, que pode poupar qualquer um da dor. Se os seus doentes puderem ser poupados da dor, se puderem receber todos os cuidados de que necessitam e se você tiver coragem de levá-los para casa — todos, se possível — ninguém lhe pedirá a eutanásia.

Nos últimos vinte anos, uma única pessoa pediu-me a eutanásia. Não entendendo a razão do pedido, sentei-me ao seu lado e perguntei-lhe: "Por que você quer a eutanásia?" Ela então revelou-me: "Não sou eu quem quer, mas minha mãe. Ela já não agüenta mais a minha situação; por isso, prometi-lhe que pediria uma injeção." Naturalmente, conversamos com a mãe dessa paciente e foi possível ajudá-la. Entenda que não foi o ódio que a levou ao desespero. Ela simplesmente não agüentava mais. Nenhum paciente à beira da morte pedirá a eutanásia se estiver sendo tratado com amor, e se estiver sendo ajudado a terminar o que ainda tiver de fazer.

Eu gostaria de salientar que também o câncer é uma bênção. Não quero minimizar o lado negativo da doença, mas saiba que há milhares de coisas piores. Tenho pacientes com esclerose amiotrófica lateral, uma das várias enfermidades neurológicas nas quais você vê o processo de paralisia ir se expandindo até a imobilização total, sem poder fazer nada. Por fim, você já não consegue murmurar nem falar. Não sei se você pode imaginar o que seja ficar totalmente paralisado, dos pés à cabeça. Você não pode escrever nem falar, não pode fazer nada. Se você conhece pessoas nessa situação, informe-nos, pois dispomos de um utilíssimo quadro de comunicação verbal que permite que o paciente se comunique com você.

Meu desejo é que você possa transmitir às pessoas um pouco mais de amor. Se pensar um pouco, você verá que as pessoas a quem destina os mais caros presentes de Natal geralmente são aquelas a quem mais receia e pelas quais nutre os sentimentos mais negativos. Não creio que seja necessário dar a alguém um presente tão caro — mais apropriado seria dar-lhe amor incondicional. No mundo todo, existem vinte milhões de crianças morrendo de fome. Adote uma e passe a comprar presentes menos caros. Pense em quanta gente pobre existe pelo mundo, inclusive na Europa Ocidental. Divida as riquezas com que foi abençoado. E quando passarem furacões pela sua vida, pense que, mesmo que nesse momento eles se afigurem como tal, dali a dez ou vinte anos você verá que nada mais foram senão presentes do céu, pois por meio deles é que você adquirirá forças e aprenderá

coisas que, de outro modo, jamais aprenderia. Se —
simbolicamente falando — o passarem num esmeril
(como se fosse uma pedra), dependerá unicamente de
você ser triturado ou sair dali reluzente como um diamante polido.

Asseguro-lhe: é uma bênção poder sentar-se à beira da cama de um paciente moribundo. A morte não
tem de ser uma coisa triste e feia. Ao contrário, você
pode conhecer coisas maravilhosas, ternas. O que
aprender com esses pacientes poderá ser transmitido
aos seus filhos e vizinhos e, quem sabe, o nosso mundo possa tornar-se um paraíso novamente. Eu acho
que a hora de começar é agora.

A MORTE NÃO EXISTE

Nesta manhã, partilharei com você o modo como um tiquinho de gente encontrou seu caminho, sua senda na vida, e procurarei demonstrar-lhe que essa vida, esse espaço de tempo em que você está num corpo físico, é apenas uma pequena parte de toda a sua existência. Esse período é muito importante porque você está aqui por uma razão especial, que é sua e de mais ninguém. Se você viver bem, jamais terá de se preocupar com a morte, mesmo que lhe reste um único dia de vida. A questão do tempo não é assim tão importante, pois é apenas um conceito humano, artificial.

Viver bem significa, basicamente, aprender a amar. Ontem eu fiquei muito comovida quando o orador disse: "Fé, amor e esperança, mas o maior dos três é o amor." Na Suíça, costuma-se crismar as crianças aos dezesseis anos e designar-lhes o que se supõe seja a sua palavra-chave ao longo da vida toda. Como fôssemos trigêmeos, tiveram de encontrar uma palavra para cada um de nós três. Escolheram amor, fé e esperança, e a mim coube "amor".

Hoje, vou conversar com você a respeito do amor, que é vida e morte, o que é a mesma coisa.

Fiz uma breve menção ao fato de que fui uma criança "indesejada". Não que meus pais não quisessem um filho. Eles bem que queriam ter uma menina, mas que fosse graciosa, bonita e forte. Não esperavam ter trigêmeos e, quando nasci, pesava menos de um quilo, era muito fraquinha, feiosa e não tinha nenhum cabelo, o que foi uma decepção terrível para eles. Quinze minutos depois de mim, nasceu uma segunda criança, e vinte minutos mais tarde uma terceira, essa pesando quase três quilos, para alegria dos meus pais. Mas eles ficariam bem satisfeitos se pudessem devolver as duas primeiras crianças.

Creio que na vida nada acontece por coincidência, nem mesmo o meu nascimento. Sempre tive a sensação de que competia a mim provar que, mesmo para um tiquinho de gente de um quilo, valia a pena viver. Trabalhei duro nesse sentido, assim como algumas pessoas cegas, que têm de trabalhar dez vezes mais que as outras para manter seus empregos.

Quando eu era adolescente e a guerra havia terminado recentemente, senti necessidade de fazer alguma coisa por este mundo que, naquela época, encontrava-se numa desordem terrível. Eu tinha prometido a mim mesma que, se a guerra um dia acabasse, eu iria até a Rússia e à Polônia prestar primeiros socorros e assistência, e cumpri a promessa. Foi aí, creio eu, que meu trabalho com a morte e os moribundos começou.

Vi pessoalmente os campos de concentração. Vi trens carregados de sapatinhos de bebês; outros levavam cabelos das vítimas para a Alemanha, onde seriam utilizados na confecção de travesseiros. Se você sentisse o cheiro dos campos de concentração, se visse os crematórios ainda jovem como eu vi, adolescente ainda, nunca mais você seria o mesmo. Diante da falta de humanidade do homem, você percebe que cada um de nós é capaz de tornar-se um monstro nazista. Você é obrigado a reconhecer isso, mas deve também saber que cada um de nós tem igualmente a capacidade de se tornar uma Madre Teresa. Ela é uma das minhas santas — uma mulher que, na Índia, recolhe crianças moribundas, pessoas morrendo de fome, e que acredita piamente que mesmo que elas estejam morrendo em seus braços, se puder amá-las por cinco minutos que seja, terá valido a pena elas terem vivido. Se você não teve a oportunidade de conhecê-la, saiba que ela é um ser humano realmente bonito.

Quando vim para os Estados Unidos, depois de ter sido médica do governo na Suíça — o que me fazia muito feliz — eu havia planejado ir para a Índia, onde pretendia atuar como cirurgiã, a exemplo do trabalho que Schweitzer fazia na África. Duas semanas antes da data marcada para a minha partida, porém, fiquei sabendo que o projeto todo fracassara. Em vez de ir para as florestas da Índia, acabei indo para as florestas de Nova York, casada com um americano que me levou para o último lugar do mundo onde eu pensaria viver. Mas nem mesmo isso aconteceu por coincidência, pois ir para um lugar que você ama é fácil, ao passo que ir para um lugar que você detesta é uma prova.

Acabei no Hospital Estadual de Manhattan, outro lugar detestável. Não conhecendo muita coisa sobre psiquiatria, sentindo-me muito solitária, infeliz e triste, mas não querendo fazer a infelicidade do meu marido, passei a dedicar-me aos pacientes. Identifiquei-me com a infelicidade, a solidão e o desespero deles e, súbito, eles começaram a falar, inclusive pessoas que não falavam há anos. Elas começaram a falar, a partilhar seus sentimentos e, de repente, percebi que eu não estava sozinha na minha desgraça. De repente, eu já não me sentia tão infeliz por trabalhar num hospital estadual. Durante dois anos, vivi em função desses pacientes. Passei todos os feriados de Hanukkah, do Natal, de Passover e da Páscoa com eles, apenas para partilhar da sua solidão, sem saber muito sobre psiquiatria, a psiquiatria teórica que eu precisava conhecer. Eu mal compreendia o inglês que falavam, mas amava cada um deles. Eu realmente me interessava por eles. Depois de dois anos, noventa e quatro por cento dos pacientes receberam alta, já em condições de cuidar de si mesmos, e voltaram para suas casas, sendo que alguns, já aptos para a trabalho, até arranjaram emprego.

O que estou tentando dizer-lhe é que o conhecimento ajuda, mas ele, *sozinho*, não basta. Se você não usar a cabeça, o coração e a própria alma, não conseguirá ajudar um único ser humano. Foi o que aprendi com os chamados pacientes irrecuperáveis, portadores de esquizofrenia crônica. Em todo o meu trabalho junto aos pacientes, fossem eles esquizofrênicos crônicos, crianças com acentuado retardamento mental ou moribundos, cada um tinha um objetivo. Cada um deles pode simplesmente aprender e ser ajudado por você, como também pode, verdadeiramente, tornar-se o seu professor. Isso se aplica a bebês retardados de seis meses de idade, que não podem falar, e a esquizofrênicos irrecuperáveis, que se comportam como animais quando você os vê pela primeira vez. Mas os melhores professores do mundo, sem dúvida nenhuma, são os pacientes que estão à beira da morte.

Se você se dispuser a sentar-se ao lado de pacientes moribundos, aprenderá com eles a respeito dos vários estágios da morte. Você os vê ir da revolta ao ódio, os vê perguntarem "Por que eu?", questionando e às vezes até mesmo duvidando da existência de Deus. Primeiro eles tentam barganhar com Deus, depois caem numa terrível depressão. Quando têm alguém que se interesse por eles, ainda podem alcançar um estágio de resignação. Mas isso não só não é característico da morte, como também não tem nada que ver com ela. Só falamos "estágios da morte" por falta de expressão mais adequada. Basta que se perca um namorado ou namorada, o emprego ou, então, que a pessoa se veja forçada a mudar da casa onde viveu por cinqüenta anos e ir para um quarto de hospital. Em alguns casos, até mesmo a perda de um periquito ou, simplesmente, das lentes de contato poderá levar a esses "estágios da morte". Esse, creio eu, é o verdadeiro significado do sofrimento.

Todas as dificuldades que você enfrenta na vida, todas as provas e tribulações, todos os pesadelos e todas as perdas, são vistos pela maioria das pessoas como desgraça, como castigo de Deus, como algo negativo. Você precisa compreender que nada do que lhe acontece é negativo. Nada. Todas as provas e tribulações, as maiores perdas, são presentes que você recebe. É como malhar em ferro quente. São oportunidades de você se desenvolver. Esse é o único propósito da nossa existência sobre o planeta Terra. Você não se desenvolverá se continuar sentado num belo jardim florido e se for magnificamente servido em bandeja de prata. Mas se desenvolverá se adoecer, se sentir dor, se sofrer perdas e se, em vez de fechar os olhos à realidade, encarar a dor, não como uma desgraça ou como um castigo, mas como um presente que lhe é dado com um propósito específico.

Vou dar um exemplo na área da medicina. Num de meus seminários — organizamos cursos de uma semana — havia uma mulher ainda jovem que não se deparara com a morte de um filho, mas com o que chamamos de "pequenas mortes". A seus olhos, não tão pequenas. Quando deu à luz a segunda filha, pela qual tanto ansiara, disseram-lhe sem rodeios que a criança sofria de um acentuado retardamento mental e que nunca chegaria sequer a reconhecê-la como mãe. Assim que soube do fato, o marido a deixou e, súbito, ela se viu às voltas com duas crianças pequenas, absolutamente dependentes, sem dinheiro, sem nenhuma fonte de renda e sem a ajuda de quem quer que fosse.

Sentiu-se terrivelmente revoltada. Não podia nem sequer ouvir a palavra "retardamento". Passou a odiar a Deus, culpando-o pela situação em que se encontrava. Primeiro, negou Sua existência. Depois, começou a achar que Ele não servia para nada. Por fim, desesperada, passou a implorar que ao menos a criança pudesse receber alguma educação ou reconhecê-la como mãe. Pouco a pouco, começou a descobrir o verdadeiro significado de ter tido essa criança. Vou partilhar com você o modo como, finalmente, essa mãe conseguiu isso. Ela começou a perceber que nada na vida acontece por acaso. Pôs-se a olhar para a filha e a imaginar com que propósito alguém viveria sobre a Terra naquelas condições, quase como um vegetal. E encontrou a solução, que partilho com você aqui, por meio do poema que ela escreveu. Embora sua autora não seja uma poetisa, trata-se de um poema comovente, no qual ela se coloca no lugar da filha, como se esta conversasse com sua madrinha. O poema foi intitulado "À Minha Madrinha".

O que é uma madrinha?
Sei que você é muito especial,
Que esperou muitos meses pela minha chegada.
Você estava lá e me viu com dez minutos de vida,
E trocou minhas fraldas quando eu tinha poucos
    dias.
Você sonhava como seria a sua primeira afilhada.
Ela seria precoce como sua irmã,
Você a veria ir para a escola, para a faculdade, e
    depois casar-se.
Como eu haveria de ser? Faria jus àqueles que
    me tinham dado a vida?
Deus tinha outros planos para mim. Eu sou apenas
    eu mesma.
Ninguém jamais usou a palavra "precoce" ao re-
    ferir-se a mim.
Há algo de errado com a minha mente:

Serei uma criança de Deus o tempo todo.

Sou feliz. Amo a todos, e eles me amam também.

Não sei dizer muitas palavras.

Mas posso me comunicar e compreender a afeição, a cordialidade, a delicadeza e o amor.

Existem pessoas especiais na minha vida.

Às vezes sento-me e sorrio; às vezes choro e me pergunto: por quê?

Sou feliz e amada por amigos especiais.

O que mais eu poderia pedir?

Oh, claro, nunca irei para a faculdade, nem me casarei.

Mas não fique triste: Deus me fez muito especial.

Não sou capaz de magoar alguém. Eu só sei amar.

E talvez Deus precise de algumas crianças que simplesmente amem.

Lembra-se de quando fui batizada,

Quando você me segurou, esperando que eu não chorasse e que não me deixasse cair?

Nada disso aconteceu e esse foi um dia muito feliz.

É por isso que você é a minha madrinha?

Sei que é delicada e afetuosa, que me dá amor,

mas há algo de muito especial em seus olhos.

Vejo esse mesmo olhar e sinto esse mesmo amor da parte dos outros.

Devo ser especial para ter tantas mães.

Não, nunca serei um sucesso aos olhos do mundo.

Mas prometo-lhe algo que poucas pessoas podem prometer.

Já que só conheço amor, bondade e inocência,

Teremos a eternidade para partilhar, minha madrinha.

Quem escreveu esta poesia foi a mesma mãe que, poucos meses antes, chegou a pensar em deixar o bebê, que ainda engatinhava, perto da piscina e fingir que ia à cozinha, para que a criança caísse e morresse afogada. Espero que você tenha apreciado a mudança que ocorreu com essa mãe.

Isso acontecerá com todos vocês, se procurarem olhar os dois lados da moeda com relação a tudo o que se passa na sua vida. Nunca existe um lado só. Você pode ser um doente terminal, pode padecer de uma dor terrível e pode não ter com quem conversar. Pode parecer-lhe injusto que a sua vida seja interrompida no meio, quando ainda nem começou a viver de verdade. Mas procure ver o outro lado da moeda.

De repente, você é um dos poucos afortunados que pode deixar de lado essa bobagem toda, que pode chegar para alguém e dizer "Eu te amo", enquanto ainda é tempo. Eles podem dispensar os elogios porque você sabe que está aqui por muito pouco tempo. Finalmente, você pode fazer as coisas que realmente quer fazer. Quantos de vocês de fato trabalham no que gostam de fazer do fundo do coração? Se você não faz o que gostaria de fazer, então vá para casa e mude de trabalho. Você sabe o que estou lhe dizendo? Ninguém é obrigado a fazer o que quer que seja apenas porque alguém diz que deve fazê-lo. Isso é como forçar uma criança a aprender uma profissão para a qual ela não tem vocação. Se você ouvir sua voz interior, sua sabedoria interior que, no que lhe diz respeito, é de longe mais importante do que a de qualquer outra pessoa, não haverá erro e você saberá o que fazer da sua vida. O tempo, então, não terá mais nenhuma importância!

Depois de trabalhar com pacientes terminais por muitos anos e de aprender com eles o que vem a ser a vida, depois de saber dos remorsos que eles têm no final, quando parece que é tarde demais para qualquer coisa, comecei a perguntar a mim mesma o que seria a morte.

Num dos meus cursos, certa sra. Schwarz foi a primeira paciente que conhecemos que teve uma experiência fora do corpo. Esse caso nos levou a uma série de outros, ocorridos pelo mundo todo. Temos centenas de casos, da Austrália à Califórnia, e todos têm um denominador comum. Todas as pessoas envolvidas têm plena consciência de ter deixado o corpo físico e de que a morte, como a entendemos em linguagem científica, na realidade não existe. A morte nada mais é do que o abandono do corpo físico, assim como a borboleta abandona o casulo. É uma transição para um estado de consciência mais amplo, no qual você continua a perceber, a entender, a sorrir e pode continuar se desenvolvendo. A única coisa que você perde é algo de que não necessita mais, ou seja, o seu corpo físico. É como guardar o seu casaco de frio quando chega a primavera. Você sabe que o casaco está surrado e não quer mais usá-lo. Com a morte, é praticamente isso o que acontece.

Nenhum dos pacientes que passaram pela experiência fora do corpo continuou a ter medo da morte. Nenhum, dentre todos os nossos casos. Além disso, muitos de nossos pacientes disseram que, além do sentimento de paz e de serenidade que sentiram e do conhecimento de poderem perceber os outros sem serem percebidos, sentiram também um sentimento de inteireza. Com isso queremos dizer que alguém que tenha perdido uma perna em um acidente de automóvel pode ver essa perna jogada na estrada mas, ao sair do corpo físico, tem ambas as pernas. Uma de nossas pacientes ficou cega por ocasião da explosão de um laboratório e, no momento em que se viu fora do corpo físico, foi capaz de descrever o acidente todo, bem como todas as pessoas que foram arremessadas para fora do laboratório. Quando voltou à vida, estava totalmente cega novamente. Isso pode ajudá-lo a entender por que muitos desses pacientes se ressentem dos artifícios usados para trazê-los de volta: é que se encontram num lugar muito mais bonito e perfeito do que a vida que levavam.

A meu ver, talvez a parte mais impressionante se relacione com meu recente trabalho junto a crianças moribundas. Atualmente quase todos os meus pacientes são crianças. Mando-as para casa para morrer. Preparo as famílias para que as "minhas crianças" morram em casa. O maior medo que elas têm é de ficar sozinhas, de não ter ninguém ao seu lado. Mas, no momento da transição, você nunca está só. Nem mesmo agora você está sozinho, só que não sabe disso. Na hora da transição, os seus guias, os seus anjos da guarda, as pessoas que você amou e que já se foram estarão ali para ajudá-lo. Podemos comprovar isso sem sombra de dúvida, e é na qualidade de cientista que faço essa afirmação. Há sempre alguém para ajudá-lo no momento da transição. Na maioria das vezes, é a mãe ou o pai, ou um avô ou um filho, caso você tenha perdido algum. Às vezes, são pessoas que você nem sabia que já estavam "do outro lado".

Tivemos o caso de uma criança de doze anos de idade que não queria partilhar com a mãe a bela experiência que teve quando morreu. Nenhuma mãe gosta de ouvir que seu filho encontrou um lugar mais agradável do que a sua própria casa, o que é muito compreensível. Mas essa criança teve uma experiência tão singular, que necessitava desesperadamente partilhá-la com alguém. Assim, um dia, acabou confidenciando-a ao pai. Contou-lhe que a experiência da morte fora tão bela, que desejou não voltar nunca mais para casa. Além da atmosfera de amor e da luz fantástica a que se refere a maioria das pessoas que passa por essa experiência, o que tornava tudo mais especial era que um irmão estava lá com ela, abraçando-a com muita ternura, amor e compaixão. Depois de contar isso, ela disse ao pai: "O único problema é que eu não tenho um irmão." Chorando, o pai confessou que, de fato, ela tivera um irmão que morrera três meses antes de ela nascer. Nunca lhe haviam contado isso antes!

Você compreende por que estou dando exemplos desse tipo? Muitas pessoas dizem: "Bem, você sabe, eles não estavam mortos de verdade e, no momento da morte, devem ter pensado nas pessoas que amavam; por isso as viram." Mas ninguém pode ver um irmão de cuja existência nunca teve conhecimento.

Pergunto a todas as minhas crianças em fase terminal quem elas mais gostariam de ver, quem gostariam de ter sempre ao seu lado. (A propósito, muitos de meus pacientes adultos são pessoas descrentes, e não é possível conversar com eles a respeito da vida depois da morte. Não imponho isso aos meus pacientes.) Assim, sempre pergunto às minhas crianças, "Quem você gostaria de ter ao seu lado para sempre, se pudesse escolher uma pessoa?" Noventa e nove por cento das crianças, com exceção das negras, dizem mamãe e papai. (As crianças negras geralmente escolhem tias e avós, porque talvez sejam quem mais as ama, ou quem passa mais tempo com elas. Mas essas são apenas diferenças culturais.) A maioria das crianças diz mamãe e papai, mas nenhuma dessas crianças prestes a morrer jamais viu o pai ou a mãe na hora da morte, a menos que eles já tivessem morrido.

Muitas pessoas dizem que se trata de uma projeção do pensamento, do desejo. Quem está morrendo está desesperado, sozinho, amedrontado — por isso, imagina que um ente querido esteja a seu lado. Se isso fosse verdade, noventa e nove por cento de todas as minhas crianças moribundas, de cinco, seis e sete anos de idade, veriam seus pais. Entretanto, em todos esses anos em que colecionei casos, nenhuma viu os pais, porque eles ainda estavam vivos. Para que você veja uma pessoa, ela precisa ter morrido antes de você, ainda que apenas um minuto antes, e que você a tenha amado de verdade. Isso explica por que muitas de minhas crianças vêem Jesus. Um garoto judeu não O vê porque, normalmente, não professa o Cristianismo. Mas essas são apenas diferenças religiosas.

Mas ainda não terminei de contar a história da sra. Schwarz. Duas semanas depois que seu filho atingiu a maioridade, ela morreu. Foi enterrada e tenho certeza de que eu a teria esquecido (era uma de minhas inúmeras pacientes), não tivesse ela voltado a me visitar.

Aproximadamente dez meses depois de ela ter morrido e de ter sido enterrada, eu estava com um problema. Estou sempre com problemas, mas dessa vez o problema era maior. Meu seminário sobre a morte e os moribundos estava começando a decair. O pastor com quem eu trabalhava e a quem amava muitíssimo partira, e o que veio substituí-lo preocupava-se demasiado com a propaganda, passando a apostar tudo nela. Toda semana tínhamos de conversar sobre a mesma coisa, e era como se fosse um espetáculo teatral. Eu não achava que valesse a pena. Era como prolongar a vida quando já não valia a pena viver. Eu sentia que aquilo tudo não tinha nada que ver comigo e decidi deixar a Universidade. Naturalmente, fiquei com o coração partido, pois realmente eu gostava daquele trabalho, mas não do jeito como vinha sendo conduzido. Então, tomei uma decisão heróica: "Deixarei a Universidade de Chicago. Hoje, logo depois do meu seminário sobre a morte e os moribundos, tornarei isso público."

O pastor e eu tínhamos um ritual. Depois do seminário, íamos juntos até o elevador e, enquanto o esperávamos chegar, conversávamos sobre os negócios. Depois, ele ia embora e eu voltava para a minha sala, que ficava no mesmo andar, no final de um longo corredor. O maior problema era que o pastor não ouvia muito bem; e era justamente isso o que mais me incomodava. Assim, entre a sala de aula e o elevador, por três vezes tentei comunicar-lhe que estava indo embora. Mas ele não me ouvia e continuava falando sobre outros assuntos. Comecei a ficar desesperada, e quando me exaspero fico muito agitada. Antes que o elevador chegasse, agarrei-o pelo colarinho — e olhe que ele era um homem enorme — e disse: "Você vai ficar aqui mesmo. Tomei uma decisão muito importante e quero que saiba." Senti-me uma verdadeira heroína por ter feito isso. Ele não disse nada.

Nesse instante, uma mulher apareceu na frente do elevador. Olhei-a fixamente. Eu não poderia dizer como ela era, mas você pode imaginar o que se passa quando vê alguém, sabe que o conhece muito bem mas, de súbito, não sabe dizer de quem se trata. Eu disse, então, ao pastor: "Meu Deus! Quem é ela? Conheço essa mulher e ela está me encarando; está só esperando que você entre no elevador para vir até aqui." Eu estava tão preocupada em descobrir quem era ela que esqueci que havia agarrado o pastor pelo colarinho. Ela parou. Era muito transparente, mas não tanto que se pudesse ver muita coisa do outro lado. Perguntei novamente ao pastor de quem se tratava, mas ele não me respondeu e acabei desistindo. A última coisa que eu lhe disse foi algo do tipo — "Vou dizer que não me lembro do seu nome." Esse foi o meu último pensamento antes que ele partisse.

No momento exato em que o pastor entrou no elevador, a mulher veio na minha direção e disse: "Dra. Ross, tive de voltar. Incomoda-se que eu vá até a sua sala com a senhora? Não me demorarei mais de dois minutos." Foi mais ou menos isso. Como ela soubesse o meu nome, e até mesmo onde ficava a minha sala, fiquei mais tranqüila; eu não precisaria admitir que não me lembrava dela. Essa foi a caminhada mais longa da minha vida. Sou uma psiquiatra. Trabalho com pacientes esquizofrênicos o tempo todo e gosto dos meus pacientes. Quando um deles tem alucinações, digo-lhe: "Sei que você está vendo Nossa Senhora na parede, mas eu não estou." Agora, eu dizia para mim mesma: "Elisabeth, sei que você está vendo essa mulher, mas não pode ser."

Fiz todo o percurso do elevador até minha sala testando a mim mesma. Eu dizia: "Estou muito cansada; preciso de umas férias. Acho que tive muita convivência com pacientes esquizofrênicos e estou começando a ver coisas. Tenho de tocá-la para saber se é real." Cheguei mesmo a tocar na sua pele para verificar se era fria ou quente, ou se ela desapareceria ao meu toque. Essa foi a caminhada mais incrível que já fiz, sem saber o porquê das coisas que estava fazendo. Eu era ao mesmo tempo psiquiatra e paciente. Tudo ao mesmo tempo. Não sei por que fiz o que fiz, nem quem ela poderia ser. Cheguei a reprimir o pensamento de que aquela pudesse realmente ser a sra. Schwarz, que há meses estava morta e enterrada.

Quando chegamos à minha sala, ela abriu a porta com delicadeza, elegância e amor, e disse: "Dra. Ross, eu tive de voltar, por dois motivos. Primeiro, para agradecer à senhora e ao Reverendo Gaines..."

(ele era um excelente pastor negro com quem eu tinha uma relação de simbiose incrível), "para agradecer à senhora e a ele pelo que fizeram por mim. Mas o segundo motivo que me fez voltar é que agora a senhora não pode parar seu trabalho sobre a morte e os moribundos."

Olhei para ela e pensei: "Será mesmo a sra. Schwarz?" Essa mulher fora enterrada há dez meses e eu não acredito em nada disso. Por fim, cheguei à minha mesa. Toquei tudo o que era real. Minha caneta, minha mesa, minha cadeira, e tudo estava ali. Eu queria que ela desaparecesse, mas ela não desapareceu. Ficou ali parada, teimosa, mas foi carinhosa ao dizer: "Está me ouvindo, dra. Ross? Seu trabalho ainda não está terminado. Vamos ajudá-la e a senhora saberá quando chegar a hora de parar, mas não pare agora. Promete?"

Pensei: "Meu Deus, se eu contar esta história ninguém vai acreditar, nem meus amigos mais queridos." Eu nem sabia que mais tarde a contaria a centenas de pessoas. Então a cientista que há em mim venceu e eu menti, astuciosamente: "A senhora sabe que o Reverendo Gaines está em Urbana agora." (Isso era verdade; ele assumira a direção de uma igreja lá.) Continuei: "Ele adoraria receber um bilhete seu. Se importaria de escrever um?" E dei a ela um pedaço de papel e um lápis. Veja bem: eu não tinha a menor intenção de mandar esse bilhete ao meu amigo, mas eu precisava de uma prova científica. Quer dizer, alguém que está enterrado não pode escrever bilhetinhos. E aquela mulher, com o mais humano — não, humano não —, com o mais adorável sorriso, lendo todos os meus pensamentos — e eu sabia que se tratava de uma transmissão de pensamento como eu jamais experimentara — pegou o papel e escreveu um bilhete. Depois, disse (sem palavras): "Está satisfeita agora?" Olhei para ela e pensei que ninguém acreditaria em mim mas que eu afirmaria aquilo até o fim. Ela então levantou-se, pronta para partir, repetindo: "Prometa, dra. Ross", referindo-se a que eu não abandonaria o trabalho ainda. Prometi o que ela me pedia e, no instante em que pronunciei a palavra "Prometo", ela desapareceu.

Ainda temos o bilhete.

Há um ano e meio, disseram-me que meu trabalho com pacientes moribundos estava encerrado — há hoje muitas outras pessoas que podem levá-lo adiante — e que não era essa a minha verdadeira missão, a razão da minha estada na Terra. O trabalho com a morte e os moribundos fora-me designado simplesmente para testar minha resistência e minha capacidade de suportar dificuldades e injúrias. Passei no teste. O segundo teste foi no sentido de ver se eu podia lidar positivamente com a fama. Como não me deixei afetar por ela, passei nesse teste também.

Mas o meu *verdadeiro* trabalho, e é por isso que preciso da sua ajuda, é dizer às pessoas que a morte não existe. É muito importante que a humanidade saiba disso, pois estamos no início de tempos muito difíceis. Não apenas para este país, mas para todo o planeta Terra. Por causa da nossa capacidade de destruir, das armas nucleares, da nossa voracidade e do nosso materialismo. Porque somos porcalhões em termos de ecologia, porque temos destruído muitos recursos naturais e porque perdemos toda a verdadeira espiritualidade. Não estou exagerando. Só entraremos em uma nova era se o mundo todo for sacudido, se nós formos sacudidos, e é isso o que vai acontecer. Já estamos assistindo ao início dessa fase. Você precisa saber para não sentir medo. Só com um canal muito aberto, uma mente aberta e muita coragem, o conhecimento superior e as revelações serão possíveis. Isso é viável para todos. Você não precisa ter um guru, não é preciso ir à Índia nem mesmo fazer um curso de especialização para isso. Você não precisa fazer nada além de aprender a se manter em contato, em silêncio, dentro de você mesma. Manter contato com o seu eu interior e aprender a não ter medo. Um modo de não sentir medo é saber que a morte não existe, que tudo nesta vida tem um propósito positivo. Afaste-se de toda negatividade e comece a encarar a vida como um desafio, uma forma de testar seus recursos interiores e sua força.

Não há coincidências. Deus não castiga nem maltrata ninguém. Depois de fazer a transição, você vai para o local descrito como céu e inferno.

O que ouvimos de nossos amigos que já se foram, e que voltaram para nos contar é que, depois da transição, todo ser humano deparará com algo muito semelhante a uma tela de tevê. Você terá a oportunidade, não de ser julgado por Deus, mas de julgar a si próprio, por meio de uma recapitulação de todas as ações, palavras e pensamentos da sua vida. É você quem faz o seu próprio inferno ou o seu próprio céu, dependendo do modo como viveu.

A VIDA, A MORTE E A VIDA APÓS A MORTE

Esta é a fita que lhes prometi a respeito da vida, da morte e da vida após a morte, na qual partilho com vocês algumas das experiências e descobertas da última década, registradas desde que começamos a estudar, seriamente e como um todo, o tema da morte e da vida após a morte. Depois de vários anos de trabalho com pacientes à beira da morte, tornou-se evidente para nós que, a despeito da nossa existência por tantos milhões de anos como seres humanos, ainda não temos um entendimento claro sobre duas questões que talvez sejam as coisas mais importantes, ou seja, o significado e o propósito da vida e da morte.

Eu gostaria de partilhar com você um pouco dessas pesquisas sobre a morte e a vida após a morte. Penso que chegou a hora de colocarmos essas descobertas todas em uma linguagem que possa ajudar as pessoas a entender e a lidar melhor com a morte de uma pessoa querida, principalmente quando esta acontece subitamente, deixando-nos sem entender o porquê de essas tragédias acontecerem conosco. Isso é muito importante para que possamos aconselhar e ajudar as pessoas que estejam à beira da morte e suas respectivas famílias. A pergunta sempre se repete: "O que é a vida, o que é a morte, e por que crianças pequenas — principalmente crianças pequenas — têm de morrer?

Não publicamos ainda nenhuma de nossas pesquisas por inúmeras razões. Estudamos experiências de quase-morte há décadas, mas não estávamos muito convencidos de que se tratasse apenas de experiências de "quase-morte". Não podíamos partilhar meias-verdades, e também queríamos saber o que acontecia com essas pessoas depois de terem passado pela transição. A única coisa que Shanti Nilaya publicou nesse sentido foi uma carta com ilustrações que escrevi em resposta a um garoto de nove anos de idade, que tinha câncer e que vivia no sul dos Estados Unidos. Sua pergunta era muito comovente: "O que é a vida, o que é a morte, e por que crianças pequenas têm de morrer?"

Peguei os lápis de cor da minha filha e escrevi-lhe uma cartinha com ilustrações, em linguagem simples que pudesse ser entendida por qualquer criança, da pré-escola aos primeiros anos do primário. Não preciso dizer que a resposta não só foi positiva, como ainda fez com que ele se sentisse um homenzinho, orgulhoso do pequeno livro de gravuras que havia ganho, livro que ele mostrou a seus pais e também aos pais de outras crianças que estavam na mesma situação que ele. Como um presente especial para mim, ele deixou que o publicássemos e, através de Shanti Nilaya, foi possível ajudar outras criancinhas a entenderem essa questão, da maior importância. (Se você tem interesse em obter uma cópia, escreva para Shanti Nilaya e peça por *Letter to a Child with Cancer.*)

Há muito tempo, o contato das pessoas com o assunto *morte* era muito maior, e elas acreditavam no céu ou na vida após a morte. Foi apenas nas últimas centenas de anos, talvez, que pouco a pouco as pessoas começaram realmente a tomar conhecimento de que há vida após a morte do corpo físico. Estamos agora em uma nova era e 'felizmente' saímos da era da ciência, da tecnologia e do materialismo para uma nova era de genuíno e autêntico espiritualismo. Não se trata de religiosidade mas, ao contrário, de espiritualidade. Espiritualidade é a consciência da existência de algo maior do que nós, de um Ser que criou este universo, criou a vida e a consciência de que somos uma autêntica, importante e significativa parte dele e que podemos contribuir para a própria evolução.

Todos nós, que tivemos essa mesma Origem, ou seja, Deus, somos dotados de um aspecto da divindade. Isto significa que possuímos literalmente parte dessa origem em nós. E é isso o que nos faz saber que somos imortais. Muitas pessoas estão começando a perceber que o corpo físico é apenas a casa ou o templo, ou, segundo a nossa definição, o casulo, que habitamos por certo número de meses ou anos, até que fazemos a transição a que chamamos morte. Chegada a hora da morte, deixamos o casulo e voltamos a ser livres como as borboletas, para usar a linguagem simbólica de que nos valemos ao falar com crianças moribundas.

Há vinte anos venho trabalhando com pacientes terminais. Devo dizer que quando comecei este trabalho não estava muito interessada na vida após a morte, nem sabia definir muito bem o que de fato ela seria. Quando você estuda a definição científica de morte, vê que nela se inclui apenas a morte do corpo físico, como se o homem fosse apenas o casulo. Eu era uma das médicas e cientistas que nunca havia questionado esse fato. Esse assunto só se tornou realmente relevante por volta dos anos 60, quando se começou a fazer transplante de órgãos, principalmente de rins e coração, e levantou-se a questão de quando seria ética, moral e legalmente permitida a remoção do órgão de um paciente para salvar a vida de outra pessoa. Nas últimas décadas, o aspecto legal da questão tornou-se ainda mais importante, pois o materialismo chegou a tal ponto que as pessoas processam umas às outras quando é levantada a hipótese de se prolongar uma vida. Hoje em dia, você pode ser processado por remover um órgão precocemente, pois a família do paciente pode alegar que ele ainda estava vivo e, por outro lado, se esperar demais, eles podem entender que houve um prolongamento desnecessário da vida do doente. As companhias de seguros também entraram nessa briga, já que, num acidente que envolva toda uma família, muitas vezes é de vital importância saber quem morreu primeiro, mesmo que a diferença seja apenas de minutos. Uma vez mais, a questão é o dinheiro, é saber quem seria o beneficiado com a ocorrência. Não é preciso dizer que essas questões me teriam sensibilizado muito pouco, não fossem as experiências um tanto quanto subjetivas que tive ao lado de meus pacientes moribundos.

Por ser uma pessoa no mínimo cética, por acreditar parcialmente nessas coisas, e como não tivesse interesse no assunto "vida após a morte", eu não podia ajudá-los, mas a observação de várias e freqüentes ocorrências levou-me a querer saber por que ninguém jamais estudara verdadeiramente a questão. Não por quaisquer razões científicas especiais, nem com fins jurídicos, evidentemente, mas simplesmente por mera curiosidade.

O homem existe há quarenta e sete milhões de anos e a atual existência, que inclui o referido aspecto da divindade, data de sete milhões de anos. Todos os dias morrem pessoas no mundo todo. Ainda assim, numa sociedade que é capaz de enviar o homem à Lua e trazê-lo de volta são e salvo, nunca se fez nenhum esforço no sentido de definir o que vem a ser a morte humana. Não é estranho?

Assim, enquanto cuidava de pacientes moribundos e dava aulas para estudantes de medicina e seminaristas, um dia, num ímpeto, decidimos tentar encontrar uma definição nova, atual e abrangente para a morte. Em algum lugar foi dito: "Peça e lhe será concedido; bata e a porta se abrirá." Ou, em outras palavras: "O mestre surgirá quando o discípulo estiver pronto."

Isso provou que era verdadeiro uma semana depois de termos feito essa importante pergunta e de termos firmado o propósito de encontrar uma resposta. Recebemos a visita de enfermeiras que partilharam conosco as experiências de uma mulher que estivera quinze vezes na unidade de tratamento intensivo. Cada vez que pensávamos que ela ia morrer, ela recebia alta e voltava para casa por semanas ou meses. Hoje, podemos dizer que ela foi o nosso primeiro exemplo de experiência de quase-morte.

Esse fato ocorreu na época em que comecei a apresentar uma crescente sensitividade e passei a observar a ocorrência de outros fenômenos inexplicados em meus pacientes que estavam prestes a morrer. Muitos começavam a ter alucinações com a presença de entes queridos com os quais, aparentemente, tinham certo tipo de comunicação, mas que eu própria não podia ver nem ouvir. Eu sabia muito bem que, mesmo os pacientes mais irritadiços e difíceis, quando prestes a morrer, começavam a relaxar profundamente e a apresentar uma aura de serenidade. A despeito de terem o corpo todo tomado pelo câncer, ficavam livres da dor. Além disso, logo depois da morte, suas feições demonstravam uma paz, uma calma e uma serenidade inacreditáveis, que eu não podia compreender, já que geralmente a morte os surpreendia irados, suplicantes ou deprimidos.

A terceira e talvez a mais subjetiva observação que fiz foi que, embora fosse muito ligada aos meus pacientes e me deixasse envolver profunda e amorosamente com eles — fazíamos parte da vida um do outro —, minutos depois de terem morrido eu já não nutria nenhum sentimento por eles. Eu perguntava a mim mesma se haveria algo de errado comigo. Olhava para eles como se olha para um casaco de inverno no início da primavera, ciente de que ele não era mais necessário. Eu tinha uma imagem muito clara de uma concha, na qual meus pacientes queridos não se encontravam mais.

Naturalmente, como cientista, eu não encontrava explicação para essas coisas e as teria posto de lado, não fosse pela sra. Schwarz. Seu marido era um esquizofrênico conhecido que, a cada crise psicótica, tentava matar o filho mais novo, o único dos vários filhos do casal que ainda permanecia em casa. A sra. Schwarz estava convencida de que a vida do filho mais novo estaria em perigo, caso ela morresse prematuramente. Com ajuda da *Legal Aid Society* conseguimos transferir a custódia da criança para alguns parentes seus, e ela deixou o hospital com uma imensa sensação de alívio e de liberdade, sabendo que, se não pudesse continuar a viver, ao menos o filho mais novo estaria a salvo.

E foi essa mesma paciente que voltou ao nosso hospital quase um ano depois para nos contar sobre a sua experiência de quase-morte. Experiências como esta têm sido publicadas em vários livros e revistas nos últimos anos e tornaram-se conhecidas do público em geral, mas nossa primeira experiência foi com a sra. Schwarz. Segundo ela nos disse, estivera hospitalizada na unidade de emergência de um hospital de Indiana. Lembrava-se que, na época, estando muito doente para ser transferida para Chicago, fora internada ali, em condição crítica. Colocada num quarto particular, enquanto conjecturava se por amor ao filho caçula deveria uma vez mais se esforçar por sobreviver, ou se não seria melhor recostar a cabeça no travesseiro e deixar-se morrer, abandonar o casulo, ela viu que uma enfermeira entrou no quarto, olhou para ela e saiu apressada. Nesse exato momento, ela percebeu que deixava o corpo, lenta e tranqüilamente, pairando poucos centímetros acima da cama. A sra. Schwarz relatou-nos com enorme senso de humor que, ao "olhar para o próprio corpo", este lhe pareceu pálido e macilento. Apesar de surpresa, não sentiu medo ou ansiedade. Contou-nos, então, que a equipe de salvamento do hospital entrou no quarto, descrevendo minuciosamente quem fora o primeiro e quem fora o último a entrar. Tinha plena consciência de cada palavra do que conversavam, de seu tipo de pensamento, e a única coisa que desejava era pedir-lhes que relaxassem, que ficassem calmos, que estava tudo bem. Porém, quanto mais se empenhava em fazê-lo, mais freneticamente eles pareciam trabalhar no seu corpo. Finalmente, deu-se conta de que, embora pudesse percebê-los, eles não a percebiam, e desistiu. Segundo suas palavras: "Perdi a consciência." Depois de quarenta e cinco minutos de tentativas infrutíferas de salvamento, foi declarada morta mas, para surpresa da equipe hospitalar, voltou a mostrar sinais de vida momentos depois. Viveu mais um ano e meio. Foi o que ela contou para mim e para a minha classe por ocasião de um de meus seminários.

Não é preciso dizer que essa experiência me marcou profundamente. Nunca antes eu tinha ouvido falar em experiências de quase-morte, apesar dos vários anos de experiência médica que eu possuía. Meus alunos ficaram chocados por eu não ter classificado esse fato como alucinação ou ilusão, ou como um sentimento de despersonalização. Eles queriam desesperadamente dar um nome ao fato — algo que pudessem identificar e logo em seguida colocar de lado, não se importando mais em lidar com isso.

A experiência da sra. Schwarz, tínhamos certeza, podia não ser a única. Nossa esperança era descobrir mais casos iguais ao seu e, quem sabe, conseguir coletar informações para saber se aquilo era comum, raro, ou se se tratava de uma experiência única. Recentemente, tornou-se conhecido o fato de que inúmeros pesquisadores, médicos, psicólogos e estudiosos de fenômenos parapsicológicos tentaram catalogar casos como esse. Nos últimos dez anos, mais de vinte e cinco mil casos foram catalogados no mundo todo.

Não é difícil resumir a experiência vivida por muitas dessas pessoas no momento em que o corpo físico deixa de funcionar. Nós a chamamos de experiência de quase-morte, e todos esses pacientes voltaram ao corpo físico e puderam partilhá-las conosco, depois de recuperados. Mais adiante, falaremos sobre o que acontece com aqueles que não voltam. É importante entender que apenas 10% das pessoas que têm parada cardíaca ou que são ressuscitadas têm consciência da experiência vivida durante essa interrupção temporária das funções vitais. Isso é muito compreensível se compararmos esse número com a média da população. Todos vocês sonham todas as noites, mas, ao acordar, apenas uma pequena porcentagem tem consciência do que sonhou.

Os casos que cadastramos não aconteceram apenas nos Estados Unidos, mas também na Austrália, no Canadá e em outros países. A pessoa mais jovem envolvida tinha dois anos de idade; a mais velha era um senhor de noventa e sete anos de idade. Estudamos pessoas de diferentes origens culturais e religiosas, inclusive esquimós, nativos havaianos, aborígines australianos, hindus, budistas, protestantes, católicos, judeus e inúmeras pessoas sem nenhuma identificação religiosa, até mesmo algumas que se diziam agnósticas ou pagãs. Para nós, era importante cadastrar dados da maior variedade possível de pessoas, de diferentes origens religiosas e culturais. Queríamos estar absolutamente certos de que o nosso material não estava contaminado e de que se tratava unicamente de uma experiência humana, independentemente de condicionamento, fosse ele religioso ou de qualquer outra ordem.

Depois de todos esses anos cadastrando dados, podemos dizer que os pontos que se seguem são denominadores comuns a todos os casos de pessoas que viveram uma experiência de quase-morte. Relevante, também, é o fato de que essas experiências sempre ocorreram depois de um acidente, de uma tentativa de homicídio ou de suicídio, ou de uma morte lenta. Mais da metade dos nossos casos são de morte súbita, portanto sem nenhuma possibilidade de que os pacientes tivessem preparado ou antecipado a experiência. No momento da morte, todos vocês experimentarão a separação entre o Eu verdadeiro e imortal da morada temporária que chamamos corpo físico. Chamaremos o eu imortal de alma, entidade ou, como dizemos quando falamos com crianças, de borboleta no processo de deixar o casulo. Ao deixar o corpo físico, não sentiremos nenhum pânico, medo ou ansiedade. Teremos sempre uma sensação de integridade física e uma total percepção do meio ambiente onde o acidente ou a morte ocorreu. Poderá ser um quarto de hospital, o nosso próprio quarto, caso tenhamos um ataque cardíaco em casa, ou depois de um trágico acidente de carro ou avião. Perceberemos nitidamente quem são as pessoas que integram a equipe de salvamento, quem está trabalhando no sentido de livrar um corpo mutilado e ferido das ferragens do automóvel. Olharemos tudo de poucos metros de distância, com a mente um tanto quanto imparcial, se é que se pode usar a palavra mente, uma vez que, na maioria dos casos, a essa altura, não estaremos mais ligados ao funcionamento de uma mente ou de um cérebro.

Isso tudo acontece no momento em que não há mais registro de atividade cerebral, em geral, na hora em que os médicos descobrem a ausência de qualquer sinal de vida. Nesse momento da observação do cenário da morte, perceberemos a conversa das pessoas, seu comportamento, suas roupas e seus pensamentos, sem nenhum sentimento negativo em relação à ocorrência.

Nesse momento, não sentiremos com o corpo físico, mas com o corpo etérico. (Mais adiante, falaremos sobre as diferenças entre as energias física, psíquica e espiritual que criam essas formas.) Como já dissemos, no segundo corpo temporário, o corpo etérico, vivenciamos uma integridade total. Se éramos surdos-mudos, podemos ouvir, falar e cantar. Se tínhamos esclerose múltipla e estávamos presos a uma cadeira de rodas, se tínhamos dificuldade para falar e enxergar, se não podíamos mexer as pernas, poderemos cantar e dançar novamente.

Considerando que, com o reavivamento das nossas funções corporais, temos também de aceitar as dores e as restrições que as acompanham, é compreensível que muitos de nossos pacientes que foram ressuscitados com sucesso nem sempre se sentiram gratos quando suas borboletas voltaram novamente para o casulo. Com corpo etérico, não sentiremos dor nem restrições de nenhuma espécie.

Muitos de meus colegas se perguntam se o que acontece não é simples projeção do nosso desejo, o que seria muito compreensível, pois, se alguém foi paralítico, mudo, cego ou deficiente por muitos e muitos anos, pode estar ansiando pelo fim de todo esse sofrimento.

É muito fácil avaliar se tudo se deve apenas à projeção do desejo ou não. Metade de nossos casos são de acidentes súbitos, inesperados, ou de experiências de quase-morte nas quais as pessoas não tinham condições de antever o que vinha ao seu encontro. Exemplo disso é o caso de um paciente nosso que foi atropelado e teve as pernas amputadas. O motorista simplesmente fugiu. Enquanto esteve fora do corpo físico, embora visse as próprias pernas amputadas no meio da estrada, ao mesmo tempo sentia perfeitamente que ainda as tinha no corpo etérico, ainda perfeito e inteiro. Não é de se supor que ele, sabendo de antemão que perderia as pernas, tivesse projetado mentalmente o desejo de andar novamente.

Mas há um modo muito mais simples de excluir a possibilidade de projeção do desejo, que é estudando pessoas cegas, que não têm percepção nenhuma da luz. Pedimos a essas pessoas que partilhassem conosco suas experiências de quase-morte. Se se tratasse apenas da força do desejo, elas certamente não saberiam dizer qual a cor do suéter, como era o desenho da gravata e outros detalhes, como modelo, cor e desenho das roupas da pessoa. Conversamos com inúmeras pessoas totalmente cegas que não só puderam nos dizer quem foi a primeira pessoa a entrar no quarto e quem trabalhou no seu salvamento, como ainda nos dar detalhes minuciosos a respeito das roupas de todos os presentes, coisas que uma pessoa cega jamais poderia saber.

Além da ausência de dor e da sensação de integridade física num corpo perfeito, que podemos chamar de corpo etérico, as pessoas também perceberão que ninguém morre sozinho. Há três razões para isso. Quando dizemos "ninguém" referimo-nos inclusive a pessoas que morrem no deserto, a quilômetros de distância de qualquer ser humano, ou a um astronauta que, enviado sozinho para o espaço, perca a rota e fique vagando pelo universo até ter morte natural.

Quando uma pessoa é lentamente preparada para a morte, como geralmente acontece com crianças cancerosas, antes de morrer muitas delas começam a perceber que podem deixar o corpo físico e ter aquilo a que chamamos de experiência fora do corpo. Todos nós vivemos essas experiências fora do corpo durante certos estágios enquanto dormimos, mas só alguns de nós temos consciência disso. As crianças prestes a morrer, que estão mais voltadas para o próprio interior e tornam-se mais espirituais do que crianças sadias da mesma idade, têm mais dessas pequenas viagens para fora do corpo físico, o que acaba por ajudá-las no momento da transição, familiarizando-as com o local para onde irão depois da morte.

É durante essas viagens para fora do corpo que pacientes à morte, jovens e idosos, começam a perceber a presença dos seres que os rodeiam, que os guiam e ajudam. As crianças pequenas geralmente se referem a eles como "amiguinhos", as igrejas chamam-nos de anjos da guarda e muitos pesquisadores os chamariam de guias. Não importa o rótulo que se lhes dê, e sim saber que todos nós, seres humanos, desde que nascemos até a hora da transição e fim da existência física, estamos na presença desses guias ou anjos da guarda, que nos esperarão e ajudarão na passagem desta vida para a vida após a morte. Encontraremos também aqueles a quem amamos e que se foram antes de nós.

A terceira razão pela qual não podemos morrer sozinhos é que, quando abandonamos o corpo físico, mesmo que temporariamente, antes de morrer, passamos para uma existência onde não há tempo nem espaço. Nessa existência, podemos estar em qualquer lugar que escolhermos, atingindo-os com a velocidade dos nossos pensamentos.

A pequenina Suzy, que está morrendo num hospital devido à leucemia, pode estar sendo cuidada pela mãe durante semanas e semanas. Torna-se muito claro para a criança que está morrendo que cada vez fica mais difícil deixar a mãe que, implícita ou explicitamente, implora: "Amorzinho, não morra; não posso viver sem você." Agindo assim, o que conseguimos é fazer com que esses pacientes se sintam de certo modo culpados por estar morrendo. Suzy, que aos poucos fora se familiarizando com a vida como um todo, tem consciência da própria existência após a morte e da continuação da vida. Durante a noite e durante o estado de consciência normal, ela esteve fora do corpo, conhece a própria capacidade de viajar e de, literalmente, voar para onde quer que deseje e pede à mãe que deixe o hospital. As crianças geralmente dizem: "Mamãe, você parece tão cansada; por que não vai para casa, toma um banho e descansa? Estou realmente bem, agora." A mãe sai e meia hora depois uma enfermeira telefona do hospital dizendo: "Sinto muito, sra. Smith, sua filha acaba de falecer."

Infelizmente, esses pais acabam se sentindo muito culpados, envergonhados e recriminando-se por terem se afastado e por não estar com os filhos no momento da morte. Eles não se dão conta, não compreendem que ninguém pode morrer sozinho. Susy, desobrigada das necessidades dos pais, pôde deixar o casulo e rapidamente libertar-se. Irá, então, na velocidade do seu pensamento, ter com a mãe, com o pai ou com qualquer outra pessoa com quem precise estar.

Todos nós somos dotados de um aspecto da divindade. Essa dádiva nos foi dada há sete milhões de anos e inclui não apenas a capacidade do livre-arbítrio, como também a possibilidade de deixar o corpo físico — não só na hora da morte, mas em tempos de crise, de exaustão, por ocasião de circunstâncias muito especiais e durante um certo tipo de sono. É importante saber que isso pode acontecer mesmo antes da morte.

Victor Frankl, em seu belíssimo livro *The Search for Meaning,* escreveu sobre suas experiências nos campos de concentração. Provavelmente, ele foi um dos mais conhecidos cientistas a estudar as experiências fora do corpo há muitas décadas, quando o assunto ainda não era popular. Estudou pessoas que despencaram de montanhas na Europa, cujas experiências passaram pela sua mente durante um período muito breve, talvez poucos segundos, durante a queda, e constatou que, durante a experiência fora do corpo, o tempo não existe. Muitas pessoas tiveram experiências semelhantes quando quase se afogaram, ou durante períodos de sua vida em que correram grande perigo.

Nosso estudo foi comprovado por exame laboratorial, com a colaboração de Robert Monroe, autor do livro *Journeys Out of the Body.* Estudamos experiências fora do corpo espontâneas, bem como outras, realizadas em laboratório, supervisionadas por Monroe, e observadas e partilhadas por vários cientistas da *Menninger Foundation*, em Topeka. Hoje em dia, um número cada vez maior de cientistas e pesquisadores está repetindo esse tipo de estudo e comprovando sua veracidade. Naturalmente, há vários aspectos do estudo difíceis de se conceber no âmbito da visão científica tridimensional que temos da vida.

As pessoas têm-nos perguntado sobre os guias ou anjos da guarda, sobre a presença de entes queridos, principalmente membros da família já falecidos que vêm nos receber na hora da transição. Naturalmente, mais uma vez surge a pergunta: Como a senhora pode comprovar de um modo mais científico a freqüência desses acontecimentos?

Como psiquiatra, acho curioso que milhares de pessoas ao redor do globo tenham o mesmo tipo de visão antes de morrer e, principalmente, que percebam a presença de parentes ou amigos que morreram antes delas. Devia haver alguma explicação para o fato; por isso prosseguimos tentando encontrar modos de estudar o fenômeno, de provar a sua veracidade ou, quem sabe, provar que se trata de simples projeção do desejo.

Talvez o melhor modo de estudá-lo seja conviver com crianças prestes a morrer depois de acidentes envolvendo a família toda. Isso poderia ser feito depois do feriado de 4 de julho, do *Memorial Day* ou Dia do Trabalho, épocas em que as famílias saem juntas e geralmente acontecem desastres que acabam por matar alguns dos membros da família, levando alguns sobreviventes feridos para os hospitais. Propus-me a conviver com crianças gravemente feridas, já que elas são a minha especialidade. Sei que elas não foram informadas de que algum de seus parentes havia morrido, mas fico sempre com a impressão de que sabem quem já se foi. Sento-me ao lado delas, olho-as em silêncio, talvez segure-lhes as mãos. Vejo-as inquietas mas, pouco antes da morte, toma conta delas uma serenidade, uma calma que são sinal de mau agouro. Pergunto-lhes, então, se não querem partilhar comigo o que estão sentindo. Elas dizem em palavras muito parecidas com "Está tudo bem agora. Mamãe e Peter já estão esperando por mim." Eu sabia que a mãe teve morte instantânea por ocasião do acidente, mas não sabia que seu irmão Peter também havia morrido. Pouco tempo depois, recebo um telefonema do hospital das crianças informando que Peter falecera há dez minutos.

Nos vários anos em que passei coletando esse tipo de dados, nunca encontrei uma criança que, na iminência da morte, tivesse mencionado uma pessoa da família que não tivesse falecido antes dela própria, ainda que com poucos segundos de diferença. Não sei como explicar isso, exceto pelo conhecimento e pela percepção que essas crianças têm da presença dos membros da família que as esperarão no momento da transição, quando estarão todos reunidos em uma diferente forma de vida, que não é compreendida por muitas pessoas.

Outra experiência que me comoveu ainda mais do que a das crianças foi a de uma índia americana. Até hoje, não temos muitos dados relacionados com índios, visto que não costumam falar a respeito da morte. Essa jovem índia fora atropelada e largada no meio da estrada pelo motorista, que fugiu. Quando um estranho parou o carro para tentar socorrê-la, ela disse-lhe calmamente que ele não poderia fazer mais nada por ela, a menos que um dia fosse para os lados da reserva onde sua mãe vivia — cerca de setecentas milhas do local do acidente. Ela gostaria de enviar-lhe uma mensagem, dizer-lhe que não só estava bem, como também muito feliz, pois agora estava ao lado do pai. A jovem morreu nos braços do estranho que, impressionado por estar no local na hora exata do acidente, desviou-se setecentas milhas da sua rota e foi ao encontro da mãe da moça. Quando chegou à reserva, ficou sabendo que o pai da índia falecera uma hora antes dela, de um problema cardíaco.

Temos inúmeros casos como este, em que a pessoa que está morrendo não havia sido informada da morte de um membro da família e, no entanto, é aguardada por ele do outro lado. Ficamos sabendo que o trabalho dessas pessoas não era convencer ninguém de que a morte não existe, mas simplesmente partilhar essa experiência. Se você está pronto para ouvir, se quer ter uma mente aberta, conseguirá e terá suas próprias experiências. Elas acontecem com freqüência, se você assim o desejar.

Numa platéia com oitocentas pessoas, há pelo menos vinte casos autênticos de pessoas que tiveram uma experiência desse tipo e que desejam relatá-la. É preciso ter a mente aberta, não ser crítico, negativo, não julgar nem querer colocar um rótulo psiquiátrico. Na nossa sociedade, a única coisa que impede que essas pessoas partilhem suas experiências é a nossa incrível tendência a rotular, a depreciar ou a negar essas histórias, sempre que nos fazem sentir pouco à vontade e não se encaixam no nosso padrão científico ou religioso. Todas as experiências que contei aqui são, até certo ponto, as mesmas que você tem quando se encontra numa condição crítica ou próxima da morte. É desnecessário dizer que todos os que partilharam seus conhecimentos conosco são pessoas que regressaram de suas experiências.

O caso mais dramático e inesquecível que tive envolvendo o "peça e receberás", e também de experiência de quase-morte, foi o de um homem que esperava que a família toda fosse buscá-lo num feriado do *Memorial Day* para irem visitar alguns parentes fora da cidade. Enquanto iam apanhá-lo, na perua da família, seus sogros, esposa e oito crianças colidiram com um caminhão-tanque de gasolina. A gasolina caiu sobre o carro e a família toda morreu carbonizada. Ao saber da ocorrência, esse homem permaneceu em completo estado de choque e de entorpecimento por várias semanas. Parou de trabalhar e perdeu a capacidade de se comunicar. Para resumir a história, tornou-se um mendigo, bebia meia garrafa de uísque por dia e passou a usar heroína e outras drogas para diminuir a dor. Era incapaz de manter-se num emprego por muito tempo e acabou literalmente na sarjeta.

Durante uma de minhas agitadas viagens, depois de ter feito a segunda conferência do dia sobre a vida depois da morte, um grupo do hospital psiquiátrico de Santa Bárbara pediu-me que fizesse mais uma conferência. Mal comecei a palestra, percebi que já estava cansada de repetir as mesmas histórias e disse a mim mesma: "Oh Deus, por que o Senhor não me arranja alguém da platéia que tenha tido uma experiência de quase-morte e que queira partilhá-la com o auditório, de modo que eu possa fazer uma pausa? Eles teriam uma experiência de primeira mão, em vez de ficarem ouvindo minhas velhas histórias várias e várias vezes."

No mesmo instante, o organizador do grupo entregou-me um pedaço de papel. Era uma breve mensagem de um homem que dizia estar hospedado num hotel ali perto e pedia para partilhar sua experiência de quase-morte comigo. Fiz um pequeno intervalo, enviei um mensageiro ao hotel onde ele se encontrava e, momentos depois, ele estava no auditório. Longe de ser um mendigo como se autodenominara, era um homem sofisticado e trajava-se muito bem. Ele subiu ao palco e, sem que eu precisasse avaliá-lo, encorajei-o a contar à platéia o que ele queria relatar.

Ele então contou que esperara ansiosamente pela reunião da família num final de semana. Estavam todos aglomerados numa perua que ia buscá-lo, quando ocorreu o trágico acidente que os matou carbonizados. Falou do choque e do entorpecimento em que caiu, da dificuldade em aceitar a idéia de estar sozinho no mundo, de ter tido filhos e perdê-los subitamente, de não ter ninguém. Falou da sua total incapacidade de enfrentar a nova situação, de como passou de decente e trabalhador chefe de família a mendigo que bebia da manhã até a noite, diariamente, usando todas as drogas que se possa imaginar, e tentando, sem êxito, embora de todas as maneiras possíveis, cometer suicídio. A última lembrança que tinha era a de que, depois de dois anos de mendicância, encontrava-se numa estrada suja à margem de uma floresta, bêbado e dopado, tentando desesperadamente encontrar-se com a família. Não tinha ânimo para continuar vivendo nem energia suficiente para sair do meio da estrada, quando avistou um enorme veículo que vinha na sua direção e passava sobre o seu corpo.

Nesse momento, viu-se jogado na estrada, seriamente ferido, ao mesmo tempo que, do alto, de poucos centímetros acima do chão, podia observar a cena do acidente. Então, viu sua família inteira surgir à sua frente, num facho de luz que irradiava um amor incrível. Traziam no semblante um sorriso, simplesmente fazendo-o sentir suas presenças e, sem dizer uma palavra sequer, comunicando-se apenas telepaticamente, falaram-lhe a respeito da alegria e felicidade de sua atual existência.

Ele não saberia dizer quanto tempo durou esse encontro. Estava surpreso com a saúde, a beleza e a felicidade da família, além do fato de aceitarem totalmente a presente situação e de irradiarem um amor incondicional. Ele jurou, então, que não os tocaria, que não se juntaria a eles, mas que voltaria ao corpo físico para poder partilhar com o mundo a experiência que vivera. Essa seria a sua maneira de se redimir pelos dois anos de vida física que desperdiçara. Depois de ter feito esse juramento, viu o motorista que o atropelara colocar seu corpo, todo machucado, dentro do carro. Viu quando uma ambulância se aproximou depressa do local do acidente, levou-o para a unidade de emergência de um hospital e, por fim, ele voltou ao corpo físico, arrancou as amarras que tinha à sua volta e saiu andando da sala de emergência. Nunca tivera delírios devido ao uso exagerado de álcool e de drogas. Sentia-se são, inteiro, e prometeu que não morreria enquanto não tivesse a oportunidade de partilhar a existência da vida após a morte com todas as pessoas que quisessem escutá-lo. Foi quando leu um artigo a respeito da minha visita a Santa Bárbara no jornal e mandou a mensagem ao auditório. Permitindo que ele partilhasse sua experiência com a minha platéia, propiciei-lhe a oportunidade de cumprir a promessa que fizera durante sua breve, temporária, mas feliz reunião com toda a sua família.

Não sabemos o que aconteceu com esse homem desde então, mas nunca mais esquecerei o brilho dos seus olhos e a profunda gratidão que sentiu por estar num local onde podia subir ao palco e partilhar com centenas de pessoas que trabalhavam em hospitais todo o seu conhecimento e sua percepção de que o nosso corpo físico é apenas uma concha dentro da qual está contido o nosso eu imortal, sem que ninguém duvidasse de suas palavras ou o questionasse.

Naturalmente, a pergunta seguinte é: "O que acontece, então, após a morte?" Estudamos crianças muito novas que ainda não leram livros ou artigos de revista, nem ouviram falar de pessoas como esse homem. No entanto, mesmo o nosso paciente mais novo, uma criança de dois anos de idade, foi capaz de partilhar conosco o que sentiu e chamou de "momento da morte". A única distinção entre pessoas de formação religiosa diferente é a presença de certas figuras religiosas, e talvez essa criança de dois anos seja o nosso melhor exemplo. Ao tomar um medicamento ministrado por um médico, ela teve uma reação alérgica anafilática e foi dada como morta. Enquanto o médico e a mãe da criança esperavam pela chegada do pai, a mãe desesperada tocou no garotinho e, soluçando, suplicou-lhe que vivesse. Depois do que lhe pareceu uma eternidade, o menino de dois anos abriu os olhos e disse num tom de voz de um velho sábio: "Mamãe, eu estava com Jesus e com Maria. Ela disse que minha hora ainda não havia chegado e que eu teria de voltar. Tentei ignorá-la, mas ela me puxou gentilmente pela mão, afastando-me de Jesus, e disse: 'Você tem de voltar, Peter. Precisa salvar sua mãe de uma grande provação.'" Nesse momento, Peter abriu os olhos e disse com voz alegre: "Sabe, mamãe, quando ela me disse isso, corri de volta para casa."

Muito deprimida, durante treze anos, essa mãe não teve coragem de partilhar esse incidente com ninguém, pois interpretara mal a afirmação que Maria fizera para seu filho Peter, e acreditava que ele a salvaria do fogo do inferno. Ela não conseguia compreender por que seria lançada no inferno, já que era uma pessoa decente, respeitável e muito trabalhadora. Tentei dizer-lhe que ela não havia entendido a linguagem simbólica, que aquele era um belo e singular presente de Maria que, assim como todos os seres no reino espiritual, é um ser de amor total e incondicional, incapaz de condenar ou de criticar alguém. Pedi-lhe que parasse por um momento de pensar e simplesmente deixasse que sua própria intuição respondesse às suas dúvidas. Perguntei-lhe: "Como teria sido se Maria não tivesse enviado Peter de volta treze anos atrás?" Ela puxou os cabelos e gritou: "Oh, meu Deus, minha vida se transformaria num inferno." Pensei em dizer-lhe: "Compreende, agora, em que sentido Maria a salvou do inferno?", mas isso já não tinha mais importância.

As Escrituras estão repletas de exemplos de linguagem simbólica. Se as pessoas dessem mais ouvidos à própria intuição e não contaminassem o entendimento dessas belas mensagens com seu negativismo, com seus medos e culpas, com sua necessidade de punir os outros ou a si mesmas, começariam a compreender o belo simbolismo da linguagem que os pacientes à beira da morte utilizam na tentativa de nos falarem de suas necessidades, de seu conhecimento e percepção.

Uma criança judia provavelmente não veria Jesus, uma protestante não veria Maria, não porque Eles não se ocupem dessas crianças, mas simplesmente porque sempre obtemos aquilo de que mais necessitamos. Encontramos aqueles a quem mais amamos e que se foram antes de nós.

Depois de nos encontrarmos com aqueles a quem mais amamos, com nossos guias e anjos da guarda, passamos por uma transição simbólica, em geral descrita como tendo a forma de um túnel. Para algumas pessoas, pode-se apresentar como sendo um rio; para outras, como um portal; cada um escolherá o que lhe for simbolicamente mais apropriado. Em minha experiência pessoal, foi um desfiladeiro com flores silvestres, porque meu conceito de céu inclui montanhas e flores silvestres, fonte de muita felicidade na minha infância na Suíça. O que determina isso é a cultura de cada um.

Depois de passarmos por essa, em termos de imagem, belíssima e individualmente apropriada forma de transição, o tal túnel, aproximamo-nos de uma fonte de luz descrita por muitos de nossos pacientes e que eu própria vi na forma de uma incrivelmente bela e inesquecível experiência de mudança de vida. É a chamada "consciência cósmica". Na presença dessa luz, que muitas pessoas no hemisfério ocidental chamam de Cristo ou Deus, ou amor, ou luz, somos envolvidos por um amor total, absoluto e incondicional, por compreensão e compaixão. A fonte dessa luz não é a energia física ou psíquica, mas a pura energia espiritual. (A energia espiritual não pode ser manipulada nem utilizada pelos seres humanos.) Essa energia é proveniente do reino de existência onde não há lugar para negatividades, o que significa que, por piores que tenhamos sido em nossa vida, por mais culpados que nos sintamos, na sua presença não conseguiremos ter emoções negativas. É ainda totalmente impossível sermos condenados diante dessa presença, por muitos chamada de Cristo ou Deus, já que Ele é um Ser cujo amor é total e absolutamente incondicional. É diante dessa presença que percebemos o nosso potencial, como poderíamos ter sido, ou como poderíamos ter vivido. É ainda nessa presença, cercados pela compaixão, pelo amor e pela compreensão, que somos solicitados a rever e avaliar toda a nossa existência, já que não estamos mais circunscritos à nossa mente, ao nosso cérebro ou ao nosso limitado corpo físico. Temos conhecimento e compreensão de tudo. É então que temos de rever e avaliar todos os pensamentos, palavras e atos da nossa existência. Simultaneamente, percebemos como isso tudo afetou os outros. Na presença da energia espiritual, não sentimos mais necessidade de possuir uma forma física. Deixamos para trás esse falso corpo etérico e reassumimos a forma que tínhamos antes de nascer e que teremos quando nos incorporarmos à fonte, a Deus, quando tivermos cumprido o nosso destino.

É importante compreender que, desde o primeiro instante da nossa existência até o retorno a Deus, mantemos sempre a nossa identidade e o nosso padrão de energia. Entre os bilhões de pessoas que há no universo, sobre este planeta físico e no mundo sem barreiras físicas, não há sequer duas pessoas com o mesmo padrão de energia, duas pessoas idênticas (nem gêmeos idênticos!). Se alguém duvida da grandeza do nosso Criador, deve levar em consideração a genialidade necessária para criar bilhões de padrões de energia, onde não existem sequer dois seres iguais. Esse milagre só pode ser comparado ao número de flocos de neve no planeta Terra pois, como se sabe, não existem dois flocos de neve iguais. Recebi a grande bênção de poder ver com meus olhos físicos centenas desses padrões de energia em plena luz do dia e posso dizer que se assemelham muito a uma série de pulsantes flocos de neve, com suas respectivas luzes, cores, formas e configurações. É essa a nossa aparência depois da morte e também antes de nascer.

Não há espaço nem leva tempo para ir de uma estrela a outra, do planeta Terra para outra galáxia. Os padrões de energia desses seres estão bem junto de nós. Se tivéssemos olhos para vê-los, perceberíamos que nunca estamos sós. Estamos cercados por esses seres, que nos guiam, amam, protegem, tentam nos orientar, nos ajudar a seguir a trilha que nos leva ao encontro do nosso próprio destino. Às vezes, em momentos de dor, de sofrimento e solidão intensos, conseguimos nos interiorizar e perceber a sua presença. Podemos fazer-lhes perguntas antes de dormir e pedir-lhes que as respondam por meio dos nossos sonhos. Os que se sintonizam com o estado onírico, com os próprios sonhos, começam a obter resposta para muitas perguntas. À medida que nos sintonizamos mais com a nossa entidade interior, com o nosso lado espiritual, podemos obter ajuda e orientação do nosso sábio ser interior, aquela parte imortal que chamamos de "borboleta".

Deixem-me partilhar com vocês algumas das experiências místicas que me ajudaram não apenas a acreditar, mas a realmente *saber* que todos esses níveis de existência que extrapolam o nosso conhecimento científico são verdadeiros, reais e que estão à disposição de todos os seres humanos. Quero deixar bem claro que, nos primeiros anos, eu não entendia muito bem o que fosse a consciência superior. Nunca tive um guru; na verdade, nunca fui realmente capaz de meditar, o que para muitos constitui-se em fonte de grande paz e compreensão, não só no Oriente mas, cada vez mais, também no Ocidente. É certo que, quando em contato com pacientes à beira da morte, volto-me totalmente para o meu lado interior, e talvez essa interiorização feita nas milhares de horas que tenho passado com eles, quando nada nem ninguém consegue nos distrair, possa ser considerada uma forma de meditação. Se isso for verdade, tenho de fato meditado por muitas e muitas horas. Realmente, creio que não é preciso ir para o alto de uma montanha, viver como um eremita, ou ir à Índia em busca de um guru para se ter experiências místicas.

Creio realmente que todos os seres humanos são compostos de um corpo físico, de um corpo emocional, de um corpo mental e de um corpo espiritual. Se pudermos aprender a externar nossas emoções não-naturais, nosso ódio, nossa angústia, nossa mágoa não-resolvida, nossos oceanos de lágrimas não derramadas, poderemos voltar e sintonizar-nos com aquilo que deveríamos ser: seres humanos compostos de quatro corpos totalmente harmonizados entre si e funcionando como um todo. Só se aprendermos a aceitar a nossa condição física, se amarmos e aceitarmos o nosso corpo físico, se formos capazes de partilhar nossas emoções naturais sem nos deixarmos restringir por elas, sem nos sentirmos diminuídos quando choramos, quando expressamos nossa ira, quando temos um sentimento de ciúme e de competitividade com relação aos talentos, dons e ao comportamento dos outros, teremos condições de entender que, de todos os nossos medos, apenas dois são naturais: o medo de cair e o medo de ruídos fortes. Todos os outros nos foram incutidos pelos adultos, que projetaram em nós seus próprios medos, passando-os de geração em geração.

O mais importante que temos a fazer é aprender a amar e a ser amados incondicionalmente. A maioria de nós cresceu como pessoas venais. Eu amarei você "se"... E essa palavra "se" arruinou e destruiu muito mais vidas do que qualquer outra coisa no planeta Terra. Prostituiu-nos, fez com que sentíssemos que, com um bom comportamento, com boas notas, podemos comprar o amor. Nunca desenvolveremos um senso de amor-próprio e de auto-recompensa. Se não concordávamos com os adultos, em vez de sermos firme e carinhosamente disciplinados, éramos castigados. Segundo nossos professores, se alguém fosse criado com amor incondicional e disciplina, nunca temeria as tempestades da vida. Não sentiria medo, culpa e ansiedade, os únicos inimigos do homem. Mas, protegendo o desfiladeiro das tempestades de vento, ficaríamos privados de ver a beleza das esculturas feitas por ele na pedra.

E assim prossegui — sem procurar por um guru, sem tentar meditar ou alcançar um estado de consciência mais elevado. Mas a cada vez que um paciente ou uma situação da vida me levava a perceber alguma negatividade dentro de mim mesma, eu tentava exteriorizá-la, de forma a eventualmente vir a alcançar essa harmonia entre meus corpos físico, emocional, espiritual e mental. À medida que fazia minha lição de casa e procurava colocar em prática aquilo que ensinava, eu era abençoada com cada vez mais experiências místicas, fazendo contato com meu próprio ser intuitivo e espiritual, cheio de sabedoria e de compreensão. Era-me então possível captar as diretrizes vindas do mundo sem fronteiras, o qual está sempre à nossa volta à espera de uma ocasião, de uma oportunidade não apenas de transmitir conhecimento e orientação, mas também de nos ajudar a compreender a finalidade da vida e, especialmente, o nosso próprio destino. Dessa forma, podemos alcançar a nossa meta numa vida sem precisar voltar para rever as lições que acaso não tenhamos sido capazes de aprender numa determinada existência.

Uma de minhas primeiras lições aconteceu durante um projeto de pesquisa no qual tive uma experiência fora do corpo provocada pelos métodos iatrogênicos, num laboratório da Virgínia, sob a observação de vários cientistas céticos. Durante uma dessas experiências fora do corpo, o chefe do laboratório sentiu que eu me desprendia muito depressa e fez que eu saísse mais devagar. Para meu desânimo, ele acabou interferindo nas minhas necessidades e até na minha personalidade. Por ocasião da segunda tentativa, com o intuito de evitar esse problema, procurei sair do corpo físico com uma velocidade superior à velocidade da luz, superior à que qualquer ser humano tivesse conseguido durante uma experiência fora do corpo. Saí do corpo literalmente no mesmo instante.

A única lembrança que eu tinha ao voltar ao corpo físico eram as palavras *Shanti Nilaya*. Eu não fazia idéia do seu significado e importância, assim como também não sabia onde poderia ter estado. A única coisa que percebi é que fui tratada de uma quase total obstrução intestinal e de um desvio na coluna que me impedia de me abaixar para apanhar um livro no chão. Quando voltei dessa experiência, minha obstrução intestinal estava curada e eu estava literalmente apta a erguer um pacote de cinco quilos de açúcar, sem nenhum desconforto ou dor. Disseram-me que eu estava radiante e aparentava ter vinte anos menos. Todos os presentes pressionaram-me por informações, mas eu não fazia idéia de onde estivera até a noite seguinte à experiência: uma noite passada numa hospedaria afastada, isolada na floresta das Blue Ridge Mountains. Aos poucos, e não sem pânico de minha parte, eu percebi que tinha ido muito longe e que então teria de aceitar as conseqüências da escolha que fizera. Lutei contra o sono nessa noite, tendo um vago pressentimento de que "algo" aconteceria, mas sem saber das conseqüências que disso resultariam. No momento em que adormeci, tive a experiência provavelmente mais dolorosa e terrível pela qual um ser humano pode passar. Vivenciei, literalmente, os milhares de mortes de meus milhares de pacientes. Era uma agonia total, tanto física como espiritual, tanto emocional quanto intelectual, que me impedia de respirar, uma dor física que fazia contorcer todo o meu corpo, percebendo que estava fora do alcance de qualquer ser humano. De uma forma ou de outra, eu teria de passar por essa noite.

Nessas horas de agonia, tive apenas três breves momentos de alívio. Aquilo assemelhava-se às dores do parto, e depois de cada sensação de dor, sem um instante sequer de intervalo para respirar, outra se seguia. Nos três breves momentos em que pude tomar fôlego, ocorreram algumas coisas significativas e simbólicas, que só fui compreender mais tarde.

No primeiro momento de alívio, implorei por um ombro em que pudesse me apoiar. Eu esperava que me aparecesse um ombro masculino em que, recostando a cabeça, de alguma forma eu pudesse suportar melhor aquela agonia. No mesmo instante, uma voz baixa, cautelosa, piedosa e intensa disse simplesmente: "Isso não lhe será concedido."

Muito tempo depois, quando tive outra chance de tomar fôlego, pedi uma mão para segurar. Esperei novamente que uma mão aparecesse do lado direito da minha cama, para que, agarrando-me a ela, eu pudesse suportar mais facilmente aquela agonia. Novamente, a mesma voz disse: "Isso não lhe será concedido."

A terceira e última vez em que pude tomar fôlego, implorei que me fosse dado ao menos a ponta de um dedo para segurar. Mas isso já era demais para mim, e então disse: "Não, se não posso ter uma mão, também não quero a ponta de um dedo." Eu sabia perfeitamente que não poderia segurar-me na ponta de um dedo, mas ao menos não me sentiria só, saberia que havia alguém ali comigo. Isso se tornou, pela primeira vez na minha vida, uma questão de fé. E essa fé tinha algo que ver com um conhecimento interior, profundo, de que nunca nos é dado mais do que podemos suportar. Súbito, percebi que tudo de que eu precisava era parar de lutar, parar de me rebelar, de ser uma guerreira, e passar da rebelião a uma simples, tranqüila e positiva submissão — a uma capacidade de simplesmente dizer "sim" para aquilo tudo.

Assim que o fiz, a agonia cessou e minha respiração ficou mais fácil. A dor física desapareceu no momento em que pronunciei o "sim", não em palavras, mas em pensamento. E em vez de milhares de mortes, renasci de um modo humanamente indescritível.

A princípio, senti uma rápida vibração ou pulsação na região abdominal, que se espalhou pelo meu corpo todo e depois para tudo o que estava ao alcance dos meus olhos — o teto, as paredes, o chão, a mobília, a cama, a janela, o horizonte do lado de fora da janela, as árvores e, finalmente, pelo planeta Terra inteiro. Era como se o planeta todo estivesse numa rapidíssima vibração, com todas as moléculas vibrando. Ao mesmo tempo, algo parecido com um botão de lótus surgiu e se abriu numa incrível, bela e colorida flor. Atrás da flor de lótus, apareceu a luz de que tanto falam meus pacientes. À medida que me aproximava dela por meio da flor de lótus aberta, com um rodopio de vibração profunda e veloz, fui gradual e lentamente absorvida por aquele incrível amor incondicional, por aquela luz. E me tornei uma coisa só com ela.

No momento em que me incorporei à fonte de luz, todas as vibrações cessaram. Um silêncio profundo tomou conta de mim e caí num profundo sono hipnótico, do qual acordei sabendo que deveria vestir um robe, colocar minhas sandálias e descer a colina. Isso deveria ser feito quando o sol estivesse surgindo no horizonte.

Aproximadamente uma hora e meia depois, despertei, coloquei o robe e as sandálias e desci a colina. Experimentei o que provavelmente seja o maior êxtase que um ser humano pode sentir no plano físico. Senti um amor e uma reverência enorme pela vida que me cercava. Amei cada folha, cada nuvem, cada haste de grama, cada criatura vivente. Senti a pulsação dos seixos do caminho e caminhei literalmente acima deles, dizendo-lhes: "Não posso andar em cima de vocês, não posso machucá-los." Ao chegar ao sopé da colina, percebi que eu não havia tocado no chão do caminho. No entanto, não havia dúvida quanto à validade dessa experiência. Simplesmente, tive a percepção da consciência cósmica da vida em todas as coisas vivas e senti um amor impossível de ser descrito em palavras.

Foram necessários vários dias para que eu voltasse à existência física, com suas trivialidades, como lavar louça, lavar roupa e fazer as refeições para a minha família. Vários meses se passaram até que eu pudesse contar minha experiência e partilhá-la com um grupo maravilhoso, capaz de compreender sem julgar, que me convidou a proferir uma palestra sobre psicologia transpessoal em Berkeley, na Califórnia. Depois do meu relato, minha experiência ganhou um rótulo, passando a chamar-se "consciência cósmica". Como de hábito, tive de ir a uma biblioteca à procura de um livro com o mesmo título para aprender intelectualmente e entender o significado de tal estado. Disseram-me também que as palavras "Shanti Nilaya" que me haviam sido ditas quando me incorporei à energia espiritual, à fonte de luz, significam a morada final de paz, para onde todos retornaremos quando tivermos passado por todas as agonias, dores, sofrimentos e mágoas. Esse é o local onde poderemos nos livrar de toda dor e nos tornarmos aquilo que fomos criados para ser: seres cujos corpos físico, emocional, mental e espiritual sejam harmonizados entre si; seres que compreendam o amor, o verdadeiro amor, que não reclama nada em troca e não impõe condições. Se pudéssemos entender esse estado de amor, seríamos todos perfeitos e saudáveis e poderíamos cumprir nosso destino numa única encarnação.

Essa experiência me tocou profundamente e mudou minha vida de um modo difícil de explicar. Mas penso que foi devido a ela que compreendi que, caso não tivesse partilhado meu modo de entender a vida após a morte, teria, literalmente, de morrer milhares de vezes. A sociedade na qual vivo tentaria me fazer em pedaços, mas a experiência e o conhecimento, a alegria, o amor e a sensação que se seguiram a essa agonia, enfim, as recompensas, seriam sempre superiores à dor.

A MORTE DOS PAIS

A morte de um ente querido é sempre um acontecimento triste. A reação do parente mais próximo depende de diversos fatores e da idade de quem faleceu, assim como também é muito relevante a idade da criança que ficou. A causa e/ou o inesperado do fato (falta de preparo) têm um papel muito importante. O relacionamento entre a mãe ou o pai e a criança que sobrevive, bem como a experiência anterior desta com ocorrências semelhantes, tudo isso terá influência sobre o período que se segue após a morte de um dos pais.

Se a criança for muito nova e não tiver tido tempo para se apegar à figura materna, uma avó poderá facilmente substituir uma jovem mãe e a criança não sofrerá nem mostrará sinais de sentir a perda — o que só acontecerá se o seu lado emocional já estiver desenvolvido. Nos primeiros meses de vida, as necessidades físicas são as mais importantes do bebê; portanto se elas forem bem atendidas, com carinho e amor, ele ficará satisfeito.

Uma vez que o vínculo afetivo esteja instalado, o bebê privado da mãe apresentará reações como sintomas físicos, choro e insônia, apegando-se a outras figuras da família, podendo ocorrer uma regressão a comportamentos passados. As crianças em fase de pré-escola são as que reagem de forma mais negativa quando da morte súbita de um dos pais. Nessa fase elas não conseguem conceber a morte como um acontecimento permanente, uma separação definitiva, e passam a procurar o ente querido por toda parte, tentando realmente fazê-lo voltar para casa. Caso o pai/a mãe estivesse zangado com elas, poderão julgar-se responsáveis pelo seu "desaparecimento", acreditando que isso seja um tipo de castigo temporário. Súbita e estranhamente, poderão tornar-se muito bem-comportadas, oferecendo-se para lavar e enxugar a louça e para arrumar a cama, e os adultos ficarão impressionados ao ver que esse "prestativo pequeno homem", de repente, tornou-se uma criança tão solícita. Esse comportamento é um mau presságio, uma vez que decorre da culpa e do medo que a criança sente de ter se comportado mal anteriormente, e representa uma tentativa de satisfazer o pai/mãe, de suborná-lo para que volte para casa. É importante que os adultos percebam isso e evitem elogiá-las demais por "serem tão boazinhas", porém sem desencorajá-las. A afirmação reiterada de que não se pode causar a morte do pai/mãe por força do pensamento ou com um determinado tipo de comportamento pode, eventualmente, dar bons resultados.

Só depois que o pai (ou a mãe) sobrevivente, ou talvez os avós, conversarem e chorarem suficientemente a morte da mãe (ou do pai) da criança, é que ela se dará conta do ocorrido e começará realmente a lamentá-la. Se as famílias chorarem juntas seus mortos, se conversarem sobre as coisas alegres que com eles viveram, o processo de perda será bem mais facilmente superado. Toda criança precisa de alguém com quem conversar sobre a pessoa que perdeu. Se os parentes puderem folhear um álbum de fotografias, lembrar de lugares onde passaram férias e outros pequenos acontecimentos, rir e chorar junto com elas, isso poderá ajudá-las e muito no sentido de superar sem trauma o período de luto.

Uma garota do 3º ano primário contou-me a dor que sentiu ao perder a mãe e um irmãozinho de três anos de idade num acidente de carro. O pai, que era quem estava ao volante, sentiu-se extremamente culpado pela dupla perda, pois não dera ouvidos aos familiares que o haviam tentado dissuadir da viagem fatídica.

Disse-me Suzy: "Eu estava doente, de cama, quando papai veio me dizer que uma babá viria cuidar de mim, pois ele, mamãe e Peter teriam de sair por algumas poucas horas." A menina começou a soluçar novamente, como há um ano, quando o pai a informara da pequena viagem que planejara fazer. "Chorei e disse-lhe que estava doente, que precisava da mamãe em casa e não de uma babá... mas ele não quis me ouvir. 'Comporte-se como uma menina crescida', disse ele: 'Quando acordar, amanhã, já estaremos em casa e você provavelmente já estará se sentindo melhor.' Não adiantou chorar nem argumentar. Ele estava decidido a sair da cidade e não quis explicar por que tinha de fazê-lo justo naquele dia. O médico que me examinara dissera a meus pais que me mantivessem na cama e sob observação, pois ele não sabia exatamente o que havia de errado comigo.

"Ouvi meus pais discutindo sobre a viagem do lado de fora do quarto, pois, evidentemente, mamãe achava que devia ficar em casa. Como não sabiam qual era o meu problema, decidiram levar meu irmãozinho com eles. Fiquei extremamente aborrecida, chorei e implorei, mas de nada adiantou. Mamãe veio despedir-se de mim, abraçou-me sorrindo, parecendo muito triste. 'Seja uma boa menina, meu bem. Deixe que Laura leia uma história para você e descanse o mais que puder. Amanhã, antes mesmo de você acordar, estaremos de volta e tomaremos o café da manhã todos juntos.' Ela então saiu apressada. Peter deu-me um 'até logo' do corredor; depois ouvi o carro saindo da garagem.

"Essa foi a última vez que vi minha mãe e meu irmão. A certa altura da noite, meu pai bateu com o carro num poste de telefone, o carro capotou e rolou por um barranco. Ao que parece, alguém que passava pelo local viu as marcas deixadas pelas rodas na estrada e, seguindo-as, encontrou meu pai, ainda dentro do carro, aturdido. Minha mãe e meu irmãozinho haviam sido atirados para fora do veículo e foram levados às pressas para um hospital. Mamãe já chegou morta, mas meu irmãozinho ainda viveu dois dias. Papai sofreu apenas alguns arranhões e ficou sob observação, para descartar-se a possibilidade da existência de alguma lesão na cabeça. Ele voltou para casa três dias depois.

"Tudo de que me lembro é que ninguém me contou nada. Minha babá passou a noite comigo e, na manhã seguinte, todos os nossos vizinhos trouxeram-me brinquedos e outros presentes, mas ninguém respondia às minhas perguntas. 'Minha mãe prometeu tomar o café da manhã comigo', dizia eu, sem parar, recusando-me a comer. Mais tarde, quando meu médico chegou, fiquei muito agitada. Não queria vê-lo sem mamãe no quarto, só que paravam carros e mais carros lá fora, menos o nosso. Da janela do meu quarto eu podia ver o estacionamento. O médico deu-me uma injeção, e tudo de que me lembro é de ter chamado por minha mãe. Três dias depois, papai voltou para casa. Parecia diferente. Eu percebia que ele havia chorado. Só depois do enterro ele me contou que mamãe e Peter haviam morrido num acidente de carro e que esperava que eu me comportasse como uma mocinha e o ajudasse. Eu não queria acreditar nele. Passei dias na cama devaneando, conversando com mamãe e pedindo-lhe que voltasse para casa. Cheguei até mesmo a prometer-lhe que prepararia o café da manhã e que esqueceria que ela não cumprira a promessa que me fizera. Limpei minhas gavetas e o quarto todo, dobrei todos os meus *shorts* e blusas. Ela sempre insistira para que eu mantivesse meu quarto um pouco mais em ordem. Agora, todos os meus brinquedos estavam ordenadamente dispostos na prateleira, as gavetas perfeitamente arrumadas. Com certeza, ela ficaria satisfeita comigo e voltaria para casa! Por vários dias, mal me alimentei. Muitos vizinhos entravam e saíam.

"Uma tia minha veio passar algumas semanas conosco, mas eu não queria saber dela. Só queria que minha mãe voltasse para casa. Sempre que eu pretendia conversar com papai a seu respeito, ele ficava muito zangado. Uma vez gritou comigo e perguntou se eu também não sentia falta do meu irmão. Para dizer a verdade, acho que eu nunca pensava nele. Eu queria a minha mãe de volta e, enquanto isso não acontecesse, o resto não tinha a menor importância."

Enquanto isso, o pai de Suzy lamentava a morte do filho adorado, só raramente permitindo-se pensar na esposa. Sentia-se tão culpado, seu pesar era tão grande, que só conseguia enfrentar "uma perda de cada vez", como dizia. Se pai e filha tivessem chorado juntos, ele a morte da esposa, ela a da mãe, estou certa de que as conseqüências teriam sido menos devastadoras, a revolta menor, poderiam ter compartilhado a perda e restabelecido a comunicação entre pai e filha. Mas, daquele jeito, um ano depois da trágica e dupla morte, o pai tornou-se cada vez mais distante da única filha, terminando por mandá-la para a casa dos avós. A garota teve de começar a cursar uma nova escola e, por conseguinte, acabou perdendo também as poucas amiguinhas que tinha na escola antiga. Na nova escola, começou a inventar elaboradas mentiras a respeito dos pais, que segundo ela haviam-se mudado temporariamente "para longe", mas que haviam prometido voltar no final do ano letivo, quando então voltaria para a antiga casa.

Suzy estava sempre sozinha, mostrava-se extremamente retraída e apresentava sinais de uma grande ansiedade, sempre que percebia algum movimento no estacionamento. Ainda tinha pesadelos e, quando julgava que ninguém a observava, conversava longa e animadamente com uma pessoa invisível. Quando lhe perguntavam com quem conversava tanto, negava que tivesse conversado com quem quer que fosse.

No meu livro anterior, *On Children and Death*, narrei a história de um garoto que, depois de perder a mãe, era visto colocando uma enorme maçã vermelha no peitoril da janela em pleno inverno, em Chicago. Quando lhe perguntavam o que aquela maçã estava fazendo ali, timidamente respondia: "Mamãe sempre adorou maçãs vermelhas. Talvez ela a veja e volte para casa."

Em nossos seminários com duração de cinco dias, que realizamos pelo mundo todo, tentamos ajudar as pessoas a encarar de frente antigos problemas não-resolvidos. As dificuldades experimentadas na vida não raro têm início quando da perda de uma mãe ou de um pai. A falta de capacidade para conversar, partilhar e contar coisas relacionadas com seus queridos e saudosos pais gera, futuramente, a incapacidade de partilhar emoções e de aprender, numa idade ainda tenra, a enfrentar a perda e a mágoa de forma saudável. Se o pai ou mãe que sobreviveu soubesse o quanto ajudaria a criança demonstrando sua própria tristeza, chorando com ela, futuros sofrimentos e reações negativas poderiam ser evitadas.

As crianças maiores logo percebem quando seu comportamento causa tristeza ou embaraço para o resto da família e, assim sendo, choram à noite, sozinhas com seus travesseiros, ou então saem para passeios solitários durante os quais geralmente conversam com o pai ou mãe falecidos. Tentar ocultar as próprias emoções na presença dos outros membros da família torna-as terrivelmente mal-humoradas e propensas a explosões de lágrimas por qualquer bobagem. Freqüentemente, envolvem-se em brigas com os colegas e, às vezes, brigam com outras crianças que são apanhadas na saída da escola pelos pais ou saem com eles a passeio. Tornam-se desobedientes, temerárias em suas bicicletas ou *carts*, recusando-se a ouvir os adultos que as advertem para que sejam mais cautelosas.

Os pré-adolescentes que perdem o pai ou a mãe tendem a ter mau comportamento, ser promíscuos, a fugir de casa e a envolverem-se em situações perigosas. Muitas prostitutas adolescentes, que adotam uma vida marginal vendendo o próprio corpo, fugiram de casa após a morte do pai ou da mãe. "Não estar nem aí" é uma atitude freqüente, uma expressão da revolta que sentem. O de que mais precisam é de um par de braços amorosos em torno de si, de um ombro em que possam apoiar-se e de um adulto com quem possam abrir seus corações. Embora geralmente digam "Não sou mais um nenezinho", na verdade elas gostariam mesmo é de ser mimadas, embaladas, ninadas e amadas até que a ferida começasse a cicatrizar.

Mas a cicatrização, assim como o luto, leva tempo. Não importa quantas semanas ou meses tenham se passado, todo mundo precisa ser encorajado a viver o processo à sua própria maneira. O que funciona para uns não funciona para outros. Algumas adolescentes podem reagir passando a freqüentar festas, outras carregando na maquiagem. Nunca julgue ou critique alguém por, a seu modo, estar tentando enfrentar a perda do pai ou da mãe. Certos mecanismos podem funcionar para essa pessoa, ainda que lhe pareçam inconcebíveis.

Em famílias nas quais acontecem muitas brigas, castigos físicos e/ou ofensas, a falta de uma comunicação honesta e aberta seguiu-se a uma morte súbita. Muitos homens e mulheres que sofreram abuso sexual na infância (no mínimo 30% da nossa população) acabam, por fim, dando vazão à raiva por tanto tempo sufocada, ao sentimento de injustiça e à imensa mágoa pela infância que nunca chegaram a ter. Essas "crianças de luto" sem um passado de perdas, primeiro terão de descobrir o que as tornou quase cronicamente deprimidas, desconfiadas e retraídas. Só depois de descobrirem a causa do trauma (ou traumas múltiplos de abuso sexual) é que poderão superá-lo, expressando o ódio, a raiva, a agressão, a dor, o medo, a mágoa e a culpa que sentem sobre um objeto inanimado (técnica por nós utilizada), isto é, fazendo em pedaços uma lista telefônica, externando todos os sentimentos que sufocaram durante décadas. Uma vez que a pessoa consiga expressar esse antigo e mal-resolvido problema, num ambiente seguro e na presença de alguém da sua confiança e que esteja capacitado a dar o apoio de que necessita, terá início o processo de lamentar e chorar a morte de um pai, que pode ter sido tão amado quanto temido.

Se pudéssemos ajudar essas crianças nos primeiros anos e dar-lhes o apoio de que necessitam assim que o trauma ocorre, muito sofrimento desnecessário poderia ser evitado.

Em contraste com as mortes súbitas, inesperadas — com as quais geralmente é mais difícil de lidar — a morte decorrente de câncer (ou de outra doença de desenvolvimento lento e de conseqüências fatais) dá às crianças sobreviventes chance de se retratarem pelo "mau comportamento", pela maneira distante como trataram a pessoa doente, ou simplesmente a oportunidade de resolver quaisquer problemas que porventura tivessem com ela. Muitos pais que rejeitaram um filho homossexual, nos últimos dias de vida deste acabam aceitando a vida levada pelo filho para não terem de carregar essa culpa pelo resto da vida. A lembrança mais comovente que tenho de um momento como esse diz respeito a um pai que, literalmente, vagava no corredor do hospital onde o filho de vinte e três anos estava morrendo. Ele se recusava a entrar no quarto e encará-lo, mas ficava andando por ali todos os dias. Uma tarde, pouco antes do término do horário de visitas, um servente viu-o novamente. Colocou-se atrás dele e, delicadamente, empurrou-o em direção à porta do quarto do rapaz. "Entre comigo e dê uma olhada nele", disse brandamente, ao mesmo tempo que abria a porta. O pai ficou chocado com a aparência esquelética daquela figura deitada ali e, abruptamente, exclamou: "Esse não é o meu filho." Uma voz muito débil fez-se ouvir, vinda do travesseiro: "Sim, papai, sou eu, Richard, seu filho." O pai hesitou, caminhou timidamente em direção ao filho e, minutos depois, as lágrimas de ambos misturavam-se umas às outras, à medida que ele se inclinava sobre o filho deitado, dizendo sem cessar: "Sinto muito, sinto muito..." Eu nunca antes vira uma expressão tão radiante no rosto de Richard. "Eu sabia que você viria antes que fosse tarde demais", disse ele. "Agora já posso morrer em paz..."

Lembro-me também de uma jovem mãe de Mineápolis. Ela sabia que seus dias estavam contados e, embora tivesse falado da própria morte e funeral com o marido, parecia nunca encontrar as palavras para explicar aos filhos que no ano seguinte não estaria mais junto deles. Uma noite juntou toda a coragem que possuía e convidou-os a se reunirem em torno da sua enorme cama de casal. Com Suzy, a filha de nove anos, foi fácil. Sempre tinham falado abertamente a respeito de uma porção de coisas e Suzy intimamente já sabia que a mãe não estava passando bem. A mãe disse-lhe que depois da morte continuaria em contato com ela e que poderia ouvir suas preces e saber de suas necessidades. Com muita simplicidade, Suzy respondeu: "Eu sei que você pode ler todos os meus pensamentos, ouvir todas as palavras que lhe digo, embora nem sempre eu consiga ouvir a sua resposta. Não é isso que me aborrece. Você acha que o papai vai trazer outra mulher para dentro da nossa casa e que teremos de chamá-la de mamãe?" As duas riram e choraram juntas, e a mãe prometeu que à noite conversaria com o pai da garota para se assegurar de que, caso ele voltasse a se casar, não obrigaria Suzy a chamar "a outra mulher" de mamãe. Seu filho, Peter, tinha preocupações bem diferentes. Quem prepararia o jantar para eles, quem viria às suas festas? Uma conversa franca contribuiu para que a família toda se preparasse para uma eventual transição da mamãe, e cada um dos seus membros teve oportunidade de falar abertamente sobre essa possibilidade.

Os adultos que enfrentam a perda de pais idosos fariam bem em discutir essa eventualidade antes que um infarto ou um ataque cardíaco os obrigue a fazê-lo. Se pudessem sentar-se com os pais e procurar saber que tipo de tratamento, hospitais ou casas funerárias prefeririam, que fim desejariam dar a seus bens, de uma forma tranqüila e amorosa, com participação de todos os membros da família envolvidos, seria uma boa forma de ir se preparando para o momento, além de poupá-los de uma série de preocupações. Se todas essas decisões forem tomadas de antemão, por escrito, com o testemunho de todos os presentes, e as pessoas não forem obrigadas a pensar nesse tipo de coisas no momento de maior sofrimento, é possível minimizar o choque e a confusão emocional.

A morte nada mais é do que uma transição desta vida para uma outra existência, na qual não existe mais dor e angústia. Todas as amarguras e divergências desaparecem, e a única coisa que sobrevive para sempre é o AMOR. Assim sendo, amem-se uns aos outros AGORA, pois nunca sabemos por quanto tempo seremos abençoados com a presença daqueles que nos deram a VIDA — não importa quão imperfeitos sejam os nossos pais.

"Pode-se tolerar tudo, quando há AMOR." Esse é talvez o fato mais importante quando se está às voltas com a morte de um pai ou de uma mãe. Com exceção das crianças de colo, todas as outras lamentarão a perda de uma mãe ou de um pai, mesmo depois de se tornarem adultos e de terem seus próprios filhos.

O período de luto poderá ser relativamente simples, como pode ser prolongado e traumático, dependendo do relacionamento entre a criança e o pai ou mãe, dependendo da existência de antigos conflitos não-resolvidos entre ambos, do nível de comunicação entre eles e, finalmente, embora igualmente importante, da experiência anterior das pessoas com a morte e com a perda de algum ente querido.